rororo

Ein Blick durch Lupe oder Mikroskop ...

... lassen uns in eine fremde, unbekannte Welt der «kleinsten Dinge» eintauchen: Was verbirgt sich hinter dem Querschnitt eines Blumenstängels? Kann man die Zellen eines Zwiebelhäutchens sichtbar machen? Wie lässt sich ein quicklebendiges Pantoffeltierchen einmal ganz aus der Nähe betrachten?

Schritt für Schritt führt Gerald Bosch in die Geheimnisse des Mikrokosmos ein: Zunächst erklärt er, wie Mikroskope, Lupen und andere optische Geräte funktionieren und welche Vorbereitungen nötig sind, um ein Präparat zu schneiden und zu färben. Dann beginnt die Reise: Auf abenteuerlichen Dschungelpfaden geht's zum «Lebensraum Wassertropfen», zu den Tiefen der Mundhöhle oder in den stillen Kosmos der Kristalle und Mineralien.

Neben Steckbriefen zu den Versuchsobjekten, Färbe- und Präparieranleitungen weisen Fotos und Illustrationen den Weg auf der *Expedition Mikroskop*.

Gerald Bosch lebt in Düsseldorf am Rhein. Dort gibt er – wenn er nicht gerade Bücher schreibt oder sie übersetzt – Unterricht an einer berufsfördernden Schule. Er hat bereits mehrere Rätsel- und Wissensbücher für Kinder verfasst. Für die «kleinsten Dinge» konnte er sich schon während seines Biologie-Studiums begeistern, als er viele «Expeditionen» mit Lupe und Mikroskop selbst ausprobiert hat.

Antje von Stemm, Jugendliteraturpreisträgerin und Papieringenieurin, kann mit Schere und ein wenig Klebe die tollsten Dinge aus Papier zaubern. Für *Expedition Mikroskop* hat sie sich ein Set mit heraustrennbaren Lupen und einen Bestimmungsbogen für die Forscherkartei ausgedacht.

Gerald Bosch

Expedition Mikroskop

Den kleinsten Dingen
auf der Spur

Rowohlt Taschenbuch Verlag

science & fun
Lektorat Angelika Mette

Originalausgabe ·
Veröffentlicht im Rowohlt
Taschenbuch Verlag GmbH,
Reinbek bei Hamburg,
November 2001 ·
Copyright © 2001 by Rowohlt
Taschenbuch Verlag GmbH,
Reinbek bei Hamburg ·
Umschlaggestaltung
any.way Barbara Hanke, Hamburg ·
(Fotos: ZEFA / Image Bank,
Swanstock / PICTOR International) ·
Reihentypografie und Layout
Iris Farnschläder, Hamburg ·
Gesetzt aus Minion
und Thesis Serif
in QuarkXPress 4.1 ·
Gesamtherstellung
Clausen & Bosse, Leck ·
Printed in Germany ·
ISBN 3 499 21161 0

Die Schreibweise
entspricht den Regeln
der neuen Rechtschreibung.

Inhalt

7 Einleitung
Expedition Mikroskop – den kleinsten Dingen auf der Spur

9 Ausrüstung und Reiserouten
9 Augen, Linsen und Licht – Wege in den Mikrokosmos
24 Sehhilfen im Eigenbau
31 Erste Funde

36 Dschungelpfade für Anfänger
36 Fixieren und Einbetten
44 Schneiden
50 Färben

59 Geschlämmt, geklatscht, geschnitten
59 Totalpräparate
65 Aufschlämmungen
70 Abklatschpräparate
75 Quetschpräparate

79 Forschungsreisen für Fortgeschrittene
79 Plasmolyse und Osmose – Fachchinesisch der Biologen
84 Das Gras wachsen sehen – ein Keimversuch
88 Wehrhafte Pflänzchen – von Brennhaaren und piksenden Kristallen
95 Schimmel GmbH & Co. KG – alles aus eigener Zucht
102 Leben aus dem Trockendock – Heuaufguss und andere Ursuppen
108 Stillhalten will gelernt sein – Tricks zur Beobachtung lebender Tiere
112 Struktur statt Chaos – die stille Welt der Kristalle

119 Zu Hause neu entdeckt – Proben aus Küche und Bad
130 Unbekannte Welt – was für Proben gibt es im Freiland?
140 Feuchte Winzlinge – Leben im Wassertropfen

151 Und zu guter Letzt ...
151 Wo du mehr erfahren kannst
152 Literatur
154 Internet-Adressen
155 Abbildungen
156 Dank

Einleitung
Expedition Mikroskop – den kleinsten Dingen auf der Spur

Woran denkst du bei dem Wort «Expedition»? An lange, aufregende Reisen in unbekannte Länder? An wilde Tiere und exotische Pflanzen? An abenteuerliche und gefährliche Schatzsuchen in menschenleeren Gegenden, durch Hitze und Kälte? Das trifft bestimmt für die meisten Expeditionen zu. Doch manchmal brauchst du gar nicht weit zu reisen, um ein Abenteuer zu erleben. Und auch die Gefahren, denen du ausgesetzt bist, sind berechenbar. Aber wohin soll die Reise denn dann gehen?

Das Tor in diese unbekannte Welt ist das Lichtmikroskop. Wenn du hindurchschaust, wirst du viele Dinge sehen, die dir vorher nicht einmal in deinen verrücktesten Träumen eingefallen wären. Denn das Mikroskop trägt seinen Namen zu Recht: Dieser setzt sich aus den altgriechischen Wörtern *mikros* für «klein» und *skopeo* für «ich sehe» zusammen. Mikroskope vergrößern deine «Sehkraft» bis um das 1000fache. Dadurch werden scharfe Linien plötzlich zu rissigen Furchen, und einzelne Punkte entpuppen sich auf einmal als eine Vielzahl winziger Lebewesen, die auf einem Haufen stehen.

Was genau im Mikroskop passiert, erfährst du im ersten Teil des Buches. Genau wie für eine richtige Expedition machst du dich zuerst mit den Geräten vertraut und erfährst aus den «Steckbriefen», was dich erwartet. Auf den einzelnen Dschungelpfaden lernst du Schritt für Schritt alles über den Gebrauch des Mikroskops und anderer optischer Geräte, wie z. B. von Lupen, sodass du dich später – im zweiten Teil – eigenständig auf Schatzsuche nach den kleinsten Dingen begeben kannst.

Und nun lass dich überraschen und sei unbesorgt: Der mikroskopische Dschungel mag zwar anfangs sehr verwirrend sein, aber genau wie Mowgli, Balou und Baghira wirst du immer wieder hinausfinden.

Düsseldorf, im September 2001
Gerald Bosch

Ausrüstung und Reiserouten

Augen, Linsen und Licht – Wege in den Mikrokosmos

Wie für jede richtige Expedition brauchst du als Forscher eine gute Ausrüstung und eine Reiseroute, damit du dich in unbekannten Gebieten zurechtfindest. Und damit du weißt, wie du mit deinen Geräten umgehen musst, wirst du in den folgenden Abschnitten alles Notwendige darüber erfahren.

Kleine Licht-Erkundung

Um zu verstehen, wie das menschliche Auge, Linsen und Mikroskope funktionieren, musst du zunächst einmal ganz allgemein etwas über das Licht wissen. Licht setzt sich aus vielen einzelnen Strahlen zusammen. Diese Strahlen können von der Sonne oder den Sternen stammen; sie können aber auch von einer anderen Lichtquelle ausgehen, etwa von einer Glühbirne, einer Kerzenflamme, einem Halogenstrahler oder einem Lagerfeuer. Die Geschwindigkeit, mit der sich Lichtstrahlen ausbreiten, ist unwahrscheinlich hoch und beträgt rund 300 000 Kilometer pro Sekunde! Aufgrund dieses Tempos ist es kein Wunder, dass sich die «Enterprise» und andere Raumschiffe der Zukunft nur mit Lichtgeschwindigkeit durchs All bewegen.

Darüber hinaus setzt sich Licht aus mehreren Farben zusammen, den so genannten Spektralfarben. Zu ihnen gehören Rot, Orange, Gelb, Grün, Blau und Violett. Alle zusammen hast du sicherlich schon einmal in einem Regenbogen gesehen. Doch was bedeutet das für unser Sehen? Die Antwort ist ein wenig kompliziert: Licht geht immer von einer Lichtquelle und nicht von einem Gegenstand aus. Der Beweis dafür ist, dass wir Dinge im Stockdunklen nicht sehen können und uns im Zweifelsfall an ihnen stoßen. Gegenstände werfen die Lichtstrahlen nämlich nur wieder zurück. Man sagt, sie reflektieren das Licht – und werden dabei von uns wahrgenommen. Bei der Reflexion «schluckt» der beleuchtete Gegenstand einige der Spektralfarben des Lichts. Er absorbiert sie und wirft nur den Rest wieder zurück. Auf diese Weise erscheinen die Gegenstände in unterschiedlichen Farben: Werden beispielsweise alle Rotanteile geschluckt, dann werden nur die gelben und blauen Lichtanteile reflektiert. Ergebnis: Der Gegenstand sieht grün aus. Grün ist eine Mischfarbe aus Blau und Gelb. Das kannst du selbst einmal ausprobieren, indem du deinen Wassermalkasten nimmst und diese beiden Farben mischst. Ausnahmen sind Schwarz und Weiß. Hier absorbiert der Gegenstand entweder das gesamte Spektrallicht (dann sieht er schwarz aus), oder er reflektiert es vollständig und erscheint dann weiß.

Wie funktionieren Augen und Linsen?

Augen sind spezialisierte Sinnesorgane am Vorderende eines Lebewesens, die zur Wahrnehmung von Licht dienen. Sie setzen sich aus einem vorderen, Licht sammelnden Teil und einem hinteren Abschnitt zusammen, der die «Lichtreize» auffängt und so verändert, dass das Gehirn sie als Signale wahrnimmt. Das menschliche Auge ist vom Typ her ein so genanntes Linsenauge. Der Teil, der das Licht sammelt, besteht aus einer gekrümmten Linse, die mit einer durchsichtigen Flüssigkeit gefüllt ist. Linsen heißen so, weil sie, von der Seite betrachtet, genau wie jene Hülsenfrüchte aus der Linsensuppe aussehen. Der Bereich, der Lichtstrahlen auffängt, ist bei unserem Auge die Netzhaut (siehe dazu Abbildung 1), auf der lichtempfindliche Strukturen sitzen, die so genannten Zapfen und Stäbchen. Wozu diese gut sind, erfährst du weiter unten.

Was passiert nun, wenn das Licht auf die Linse trifft? Lichtstrahlen können durch Luft, Glas oder Wasser dringen, ohne reflektiert zu werden. Es gibt einige Ausnahmen, die uns in diesem Fall aber nicht weiter interessieren. Wenn nun ein gerader Lichtstrahl aus der Luft kommt und auf eine Linse oder die Wasseroberfläche trifft, dann wird er an der Grenzlinie Luft–Linse beziehungsweise Luft–Wasser abgelenkt oder, wie man auch sagt, «gebrochen». Dabei tritt der Lichtstrahl zwar gerade in die Linse ein, wird aber in seinem weiteren Verlauf in einem bestimmten Winkel von der ursprünglich geraden Laufrichtung abgelenkt (siehe nochmal Abbildung 1). Diese Veränderung der Lichtstrahlen bezeichnen die Physiker als «Brechung des Lichts».

Durch die Brechung der Lichtstrahlen an den Linsen unserer Augen entstehen auf der Netzhaut die Bilder, die wir sehen. Lichtstrahlen können aber auch von den Linsen in so genannten optischen Geräten, wie Brillen oder Kameras, gebrochen werden. Bei der Brille gelangt das Bild ebenfalls auf die Netzhaut, bei einer Kamera wird es stattdessen auf einen Film projiziert. Wie man in Abbildung 1 aus dem Gang der Lichtstrahlen erkennen kann, steht das auf der Netzhaut entstandene Bild auf dem Kopf. Dass der Baum obendrein auch noch seitenverkehrt ist, kann man in diesem Schema an den Wurzeln erkennen. Wieso sehen wir dann die

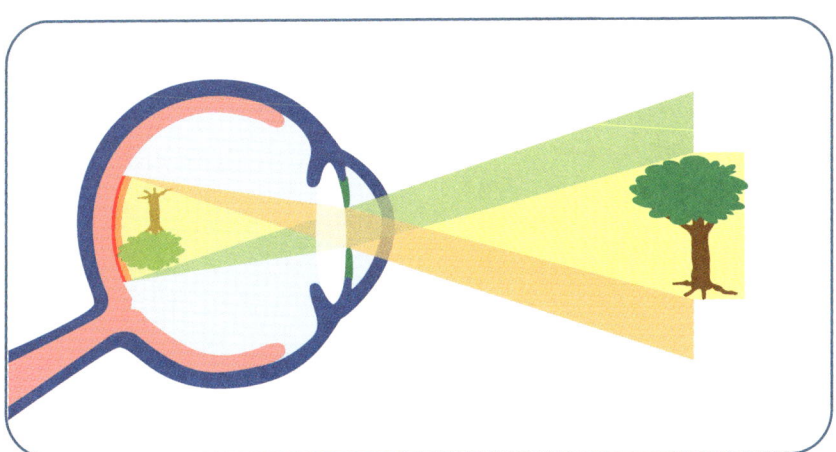

Abb. 1: Im Schema kannst du erkennen, wie die Lichtstrahlen durch ein menschliches Auge verlaufen und welches Bild dabei auf der Netzhaut entsteht.

Welt nicht auf dem Kopf? Nun, in diesem Fall wirkt unser Gehirn wie ein Computer und korrigiert den «Fehler», sodass wir unsere Umwelt dann tatsächlich so sehen, wie sie ist.

Gelegentlich kann sich unser Gehirn aber auch mal «verrechnen»: Dann sehen wir Bilder, die aufgrund komplizierter Brechungen entstanden sind. Wenn du beispielsweise einen Stab in ein gefülltes Wasserbecken eintauchst, wird es dir vorkommen, als sei der Stab «geknickt» (vergleiche Abbildung 2). Tatsache ist aber, dass nicht der Stab sich verändert hat, sondern dass die Lichtstrahlen anders gebrochen wurden, als das Gehirn es «vermutet». Die Strahlen wurden sogar zweimal abgelenkt: zuerst, als sie in das Wasser eingedrungen sind, und ein zweites Mal, als die vom Stab reflektierten Strahlen wieder aus dem Wasser herauskamen. Das versetzte Bild des eingetauchten Stabes auf der Netzhaut setzt sich also aus Strahlen zusammen, die ihre Richtung zweimal gewechselt haben. Dein Gehirn nimmt aber fälschlicherweise an, das versetzte Bild gehöre an den Stababschnitt, der aus dem Wasser ragt.

Abb. 2: Dass Lichtstrahlen beim Übergang von Luft in Wasser gebrochen werden, kannst du ganz leicht selbst einmal überprüfen.

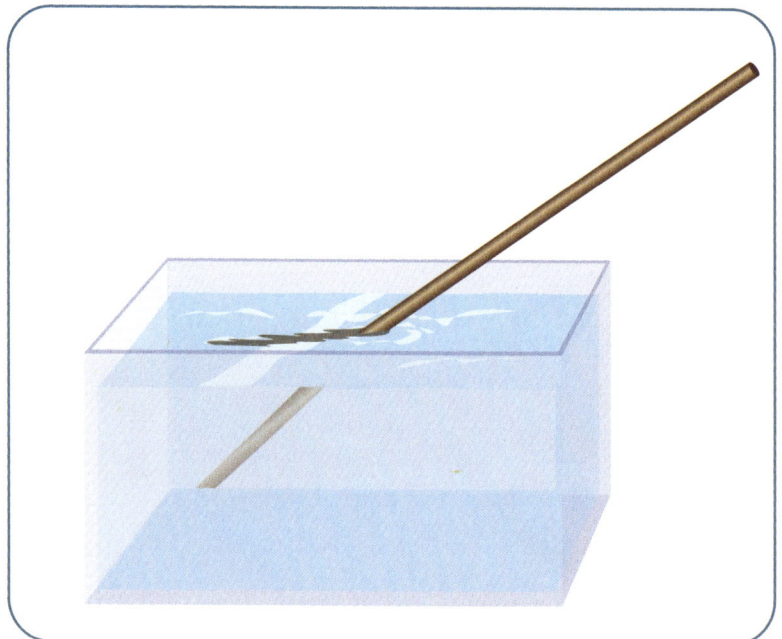

Diese physikalische Gegebenheit ist letztlich auch der Grund, warum wir mit Hilfe von Linsen vergrößerte Bilder sehen können. Denn an der Grenze zwischen Linse und Luft werden die Lichtstrahlen in vergleichbarer Weise gebrochen wie zwischen Luft und Wasser.

Einzeller besitzen noch keine Linsenaugen, können in den meisten Fällen jedoch bereits hell von dunkel unterscheiden. Richtige Bilder können sie aber nicht erkennen. Damit überhaupt Licht nur aus einer einzigen Richtung in das Auge eindringen kann, ist es von einer lichtundurchlässigen Zellschicht umhüllt. Dabei bleibt eine Seite ausgespart, und durch diese Öffnung kann das Licht eintreten. Ein solch einfaches Auge benötigt nicht einmal eine Linse, um – wenn auch etwas unscharfe – Bilder zu sehen: Nach diesem Prinzip der «Lochkamera» funktionieren beispielsweise die Pigmentbecheraugen der Strudelwürmer *(Planarien)*, mit denen die Würmer aber bereits ein Umrissbild wahrnehmen können.

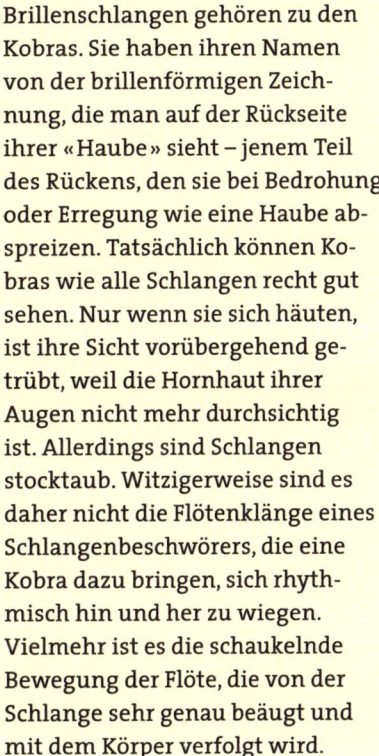

Nachgefragt

Braucht die Brillenschlange eine Brille?

Brillenschlangen gehören zu den Kobras. Sie haben ihren Namen von der brillenförmigen Zeichnung, die man auf der Rückseite ihrer «Haube» sieht – jenem Teil des Rückens, den sie bei Bedrohung oder Erregung wie eine Haube abspreizen. Tatsächlich können Kobras wie alle Schlangen recht gut sehen. Nur wenn sie sich häuten, ist ihre Sicht vorübergehend getrübt, weil die Hornhaut ihrer Augen nicht mehr durchsichtig ist. Allerdings sind Schlangen stocktaub. Witzigerweise sind es daher nicht die Flötenklänge eines Schlangenbeschwörers, die eine Kobra dazu bringen, sich rhythmisch hin und her zu wiegen. Vielmehr ist es die schaukelnde Bewegung der Flöte, die von der Schlange sehr genau beäugt und mit dem Körper verfolgt wird.

Scharfe, kontrastreiche Bilder entstehen jedoch erst durch Linsen, das heißt, Tiere mit Linsenaugen können einfach besser sehen. Wie bereits erwähnt, werden die Strahlen beim Eintritt und Austritt aus der Linse gebrochen. Dabei werden sie auf die Sehzellen übertragen (projiziert), die sich auf der Netzhaut, der rückwärts gelegenen Innenseite des Auges, befinden. Je nach Krümmungsgrad der Linse entstehen eher die Bilder von nahe gelegenen Gegenständen oder aber von weiter entfernten Dingen – der Fachmann sagt, dass die verschiedenen Linsen unterschiedliche «Brennweiten» besitzen.

Augen, Linsen und Licht

> **Nachgefragt**
>
> **Woher kommt das Wort Brille?**
>
> Das Wort «Brille» leitet sich von *Beryll* ab, einem Mineral, das sehr schöne Kristalle bildet, wie etwa blaue Aquamarine oder meergrüne Smaragde. Bevor es die ersten Glaslinsen gab, hat man diese Kristalle zu dünnen Scheiben geschliffen und dann als Sehhilfen zum Lesen verwendet, wenn wohl auch nur mit mäßigem Erfolg. Zwar wussten die Chinesen bereits vor 1000 Jahren schon, wie man Linsen aus Glas herstellt, in Europa konnte man das aber erst 600 Jahre später.

Wie du schon gesehen hast, enthält die Netzhaut (Projektionsfläche) so genannte Zapfen und Stäbchen. Während die Stäbchen das Hell-Dunkel-Sehen ermöglichen, sind die Zapfen für Farbkontraste zuständig. Daher befinden sich auf der Netzhaut von Tieren, deren Leben sich hauptsächlich nachts abspielt (wie zum Beispiel Eulen, Makis und Katzen), meist mehr Stäbchen. Schließlich müssen diese Tiere mit winzigen Mengen Licht «auskommen». Darüber hinaus gibt es weitere Anpassungen des Auges: So gewährleistet der Feinbau der Netzhaut von Katzen, dass diese Tiere mit nur 10 Prozent der Lichtmenge auskommen, die wir Menschen zum Sehen benötigen würden.

Demgegenüber enthält die Netzhaut bei hauptsächlich tagaktiven Tieren eine größere Anzahl von Zapfen. Außerdem sorgen spezielle Muskeln (die *Ciliarmuskeln*) am Auge dafür, dass die Linse gekrümmt wird, während andere Muskeln das Auge hin und her bewegen. Daher können wir unseren Blick problemlos auf die Nähe und die Ferne scharf stellen.

Eine besondere Entwicklungsstufe bei den verschiedenen Augentypen stellt das so genannte Komplex- oder Facettenauge der Insekten dar, das sich aus vielen einzelnen Linsenaugen zusammensetzt. Bei Pferdebremsen können das bis zu 28 000 Einzelaugen sein, die in der Fachsprache auch *Ommatidien* genannt werden.

Der Feinbau unseres Auges macht es mit der Zeit anfällig: Linsen können sich dauerhaft verkrümmen, da ihre Eigenelastizität im Alter abnimmt. Andere Linsen können genau das nicht mehr so gut, sodass ihre Bilder – wie du im Schema auf Seite 16 siehst – hinter die Netzhaut projiziert werden. Die Sehleistung des Auges geht zurück, und wir können dann beispielsweise schlechter lesen, aber weit entfernte Straßenschilder entziffern. Deshalb halten ältere Menschen oft ihre Zeitung weiter von sich weg, um sie lesen zu können. Als Trick kann man dem abgenutzten Auge künstliche Linsensysteme «vorschalten». Eine Lesebrille enthält Linsen, die den Weg der reflektierten Lichtstrahlen so verändern, dass auf der Netzhaut wieder ein scharfes Bild entsteht.

Bei den künstlichen Linsen unterscheidet man grundsätzlich zwei Formen: Zerstreuungs- und Sammellinsen (siehe Abbildung 4). Sammellinsen, die in der Linsenmitte am dicksten sind, besitzen im Querschnitt die typische, beidseitig nach außen gewölbte Linsen- oder «konvexe» Form (siehe Abbildung 4B). Diese sorgt dafür, dass Lichtstrahlen in einem Punkt, dem Brennpunkt, gesammelt oder gebündelt werden. Zerstreuungslinsen hingegen sind nach innen gewölbt, was der Fachmann als «konkav» bezeichnet (siehe Abbildung 4D). Ihre dicksten Stellen sind am Rand. Und wie der Name schon verrät, bewirken sie das Gegenteil einer Sammellinse, denn sie zerstreuen die reflektierten Licht-

Abb. 3: Die schillernden, großen Facettenaugen der Bremse *(Heptatoma pellucens)* bestehen aus Hunderten von Einzelaugen, die diesem kleinen Insekt eine schnelle Orientierung während des Fluges ermöglichen.

strahlen. Durch Zwischenschaltung einer oder mehrerer dieser Linsen vor das Auge können Sehschwächen wieder ausgeglichen werden. Die Brechkraft der Linse kann auch gemessen werden und wird in der Einheit Dioptrie angegeben.

Neben den Brillen gibt es auch andere optische Geräte: Lupen sind eigentlich nichts anderes als Brillen, mit denen man Dinge sehen kann, die Augen normalerweise nicht scharf stellen und erkennen können. Halte beispielsweise einmal dieses Buch weit von dir weg, und die Buchstaben werden kleiner, bis du nichts mehr sehen kannst. Führe es nun etwa eine Handbreit vor deine Augen, und du wirst ebenfalls nichts mehr lesen können. Mit einer Lupe wirst du jedoch die einzelnen Buchstaben größer und wesentlich schärfer sehen: Je näher sie die Augen an die Buchstaben heranführt, umso größer werden diese. Ähnlich wie im Fall des Stabs im Wasser entsteht ein «künstliches Bild», nur ist es nicht verzerrt, sondern vergrößert, da das reflektierte Licht seine «Richtung» im Vergrößerungsglas ebenfalls verändert hat. Im Laufe der Zeit entwickelte man durch Kombination mehrerer Linsen weitere optische Geräte: Ohne sie gäbe es weder Fotoapparate noch Diaprojektoren, weder Fernrohre noch Mikroskope.

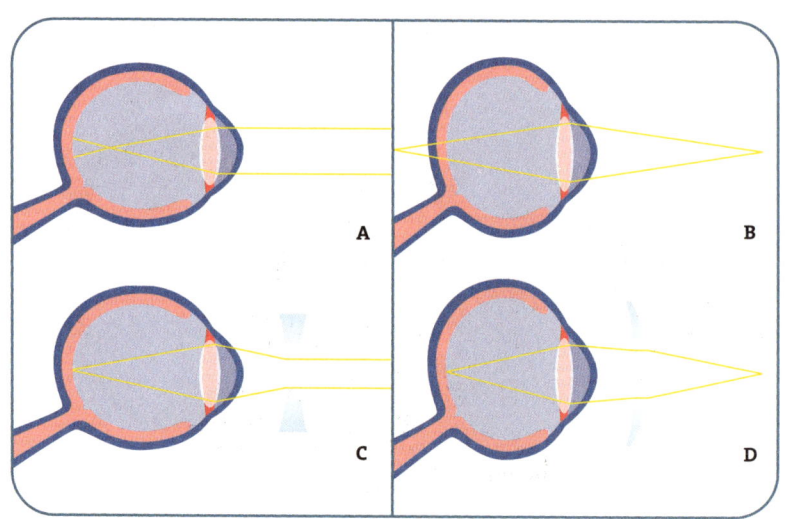

Abb. 4: Das Schema zeigt, wie man Sehfehler mit einer Brille ausgleicht. Kurzsichtigkeit (A) wird durch eine Zerstreuungslinse (C), Weitsichtigkeit (B) durch eine Sammellinse (D) korrigiert.

Was ein Mikroskop alles kann

Bevor die Reise in die Welt der kleinsten Dinge losgeht, solltest du dir dein Mikroskop in aller Ruhe ansehen.

In Abbildung 5 kann man sehen, dass es aus zwei Linsensystemen besteht, die sich in einem **Tubus** befinden. Zur Beobachtung legt man ein Präparat auf den **Objekttisch** und durchleuchtet es über einem **Kondensor**. Der Kondensor enthält ebenfalls Linsen und sorgt dafür, dass das Licht aus einer ganz unten im Mikroskop liegenden Lichtquelle genau in deinem Präparat ankommt.

Manchmal gibt es auch noch eine Blende. Die kann man auf- und zuziehen, sodass das Licht durch ein großes oder kleines Loch hindurchmuss. Die Blende hilft dabei, dass der Kondensor die Lichtstrahlen wirklich nur in dein Präparat bündelt und nicht daneben strahlt.

Die Linse des **Objektivs** (unten) erzeugt ein vergrößertes Bild des Gegenstandes, der auf dem Objekttisch liegt. Dieses Bild wiederum wird durch die Linse des Okulars (oben) erneut vergrößert. Häufig sind mehrere Objektive mit unterschiedlicher Vergrößerung zu einem drehbaren **Objektivrevolver** zusammengesetzt. Die **Gesamtvergrößerung** erhältst du, indem du Objektiv- und Okularvergrößerung miteinander multiplizierst.

Ohne gute Ausleuchtung wird dir allerdings auch die beste Vergrößerung nichts nützen. Einfache Mikroskope verwenden einen **Spiegel** als Lichtquelle, der die Strahlen des Tageslichts oder einer Tischlampe so lenkt, dass sie durch den Kondensor fallen können. Bessere Mikroskope verfügen jedoch über eine eingebaute Lichtquelle (Lampe).

Den Abstand zwischen Objekt und Objektiv verstellst du durch Drehen an der **Grob- und Feinstellschraube** so lange, bis das Bild scharf ist. Bei den meisten Mikroskopen wird dabei das Objektiv auf und ab bewegt, bei einigen wird hingegen der Objekttisch auf- und abwärts verschoben.

Wichtig ist auch, dass dein Mikroskop stabil steht, denn schon die kleinste Erschütterung lässt dein Präparate wie bci einem Erdbeben hin und her schwanken. Daher sollte dein Mikroskop auch ein schweres, festes **Stativ** besitzen.

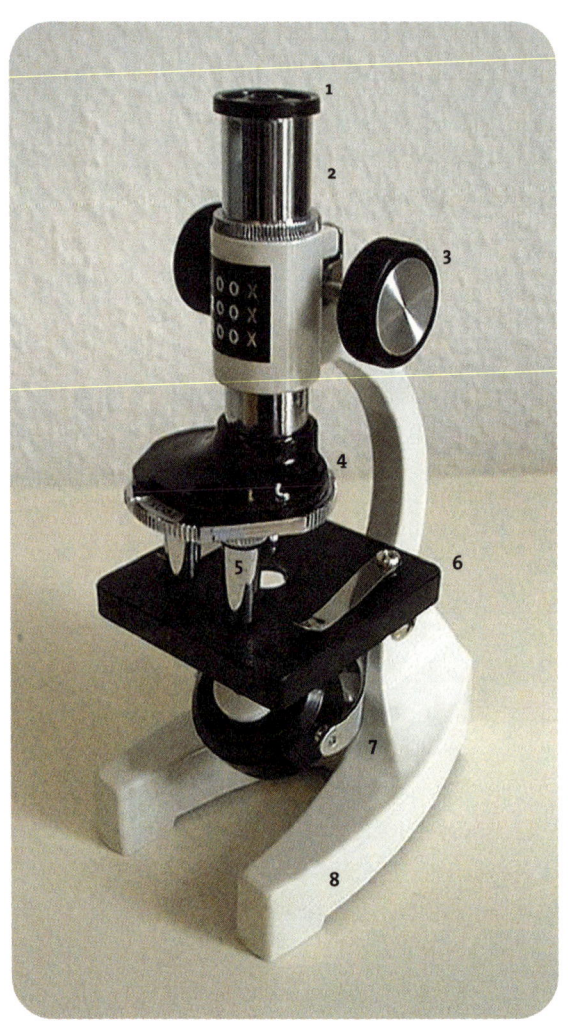

Abb. 5:
Aufbau eines Mikroskops:

1 Okular
2 Tubus
3 Feinstellschraube
4 Objektivrevolver
5 Objektive
6 Objekttisch
7 Spiegel oder Lampe
8 Stativ

Vorbereitung ist wichtig: Was man alles zum Mikroskopieren braucht

Nachdem du gesehen hast, wie ein Mikroskop aufgebaut ist, benötigst du – genau wie bei einer Expedition in den Dschungel – eine Reihe von Ausrüstungsgegenständen (vergleiche Abbildung 6). Vieles kannst du in Laborfachgeschäften, Apotheken oder Sanitätshäusern kaufen, manches aber auch selber basteln. Vor allem brauchst du **Objektträger** (kleine rechteckige Glasplättchen, auf denen deine Präparate später liegen) und **Deckgläschen** (hauchdünne quadratische Glasplättchen, mit denen die Objekte abgedeckt und vor dem Austrocknen geschützt werden). Mit einer Pipette aus Plastik oder einer gebrauchten Glaspipette mit Plastikball, die beispielsweise von einem Apothekerfläschchen für Nasen- oder Augentropfen stammt, kannst du ganz leicht Flüssigkeit abmessen und auftragen. Grobe Schnitte führst du mit einem **Küchenmesser** aus, feine mit einem **Skalpell**, dem Spezialmesser eines Arztes, oder einer **Rasierklinge** aus dem Laborbedarf. Schneideapparate kannst du dir auch von deinen Eltern basteln lassen: Dazu müssen sie einen dicken Wein- oder Sektkorken ein bisschen mit dem Messer anritzen und in diesen Spalt vorsichtig eine Rasierklinge hineindrücken. Das ist eine knifflige und nicht ganz ungefährliche Angelegenheit. Deshalb: Frage deine Eltern, ob du schon allein mit einer scharfen Rasierklinge umgehen darfst. Lass dir sonst unbedingt von ihnen beim Schneiden helfen!

Besorge dir auch ein Stück ganz feines Styropor. Zwischen zwei kleinen Stückchen kann man das Material einklemmen, das geschnitten werden soll. Das ist praktisch, denn so wird es gut fest-

Berühmte Leute

Von der Brille zum Mikroskop

Die ersten brauchbaren Lesehilfen entstanden, als holländische Handwerker Ende des 16. Jahrhunderts begannen, dünne Glasscheiben an den Kanten so zu schleifen, dass daraus richtige Linsen entstanden. Die Erfindung der Brille wird allerdings dem Engländer **Roger Bacon** (um 1260) zugeschrieben. Das erste Mikroskop baute dann wiederum der Niederländer **Antonij van Leeuwenhook** im Jahre 1674. Es erreichte bereits eine gut 250fache Vergrößerung.

> **Berühmte Leute**
>
> **Der Blick in die Sterne**
>
> Ähnlich wie ein Mikroskop funktioniert auch das Fernrohr (Teleskop) mit Hilfe zweier Linsen, die hintereinander geschaltet sind, sodass die weit entfernten Sterne nahe heranrücken. Das erste Teleskop, mit dem der berühmte italienische Forscher **Galileo Galilei** im Jahre 1609 den Sternenhimmel beobachtete, bestand aus einer konvexen Linse am Vorder- und einer konkaven Linse am hinteren Ende.

gehalten, und deine Finger sind außerhalb der Gefahrenzone. Mit einem **Pinsel** aus deinem Malkasten und einem **Spatel**, z. B. einem alten Eisstiel aus Holz, eventuell geht auch ein Kaffeelöffel, kannst du Probenmaterial auf einen Objektträger geben. **Stecknadeln** (man kann sogar spezielle **Präpariernadeln** kaufen) dienen dazu, ein Präparat zu fixieren. **Krepp- oder Filterpapier** benötigst du, um überschüssige Flüssigkeit vom Objektträger abzusaugen beziehungsweise Farb- oder andere Lösungen auf dem fertigen Präparat zu verteilen. Schneide dir dazu eine Kaffeefiltertüte in handliche zentimeterbreite Streifen und lagere sie in einem sauberen Schraubdeckelglas. Wenn du größere Gegenstände, bei-

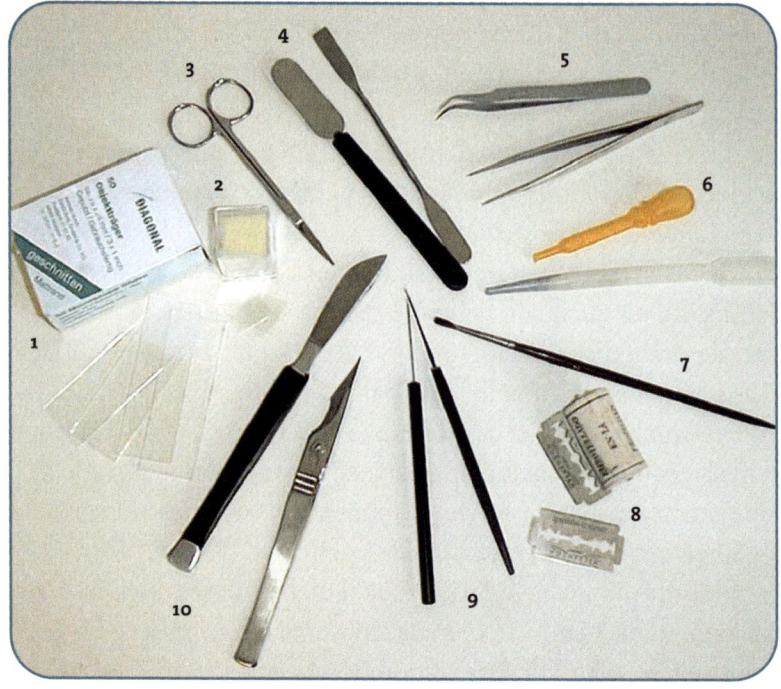

Abb. 6: Hier siehst du einen Teil der Ausrüstung, die du für deine «Expeditionen» benötigst:

1 Objektträger
2 Deckgläschen
3 Schere
4 Spatel
5 Pinzetten
6 Pipetten
7 Pinsel
8 Rasierklingen
9 Präpariernadeln
10 Skalpelle

spielsweise einen toten Regenwurm, unter der Stereolupe präparieren willst, benötigst du eine **Präparierschale**. (Die Anleitung steht im Kasten «Experimente».)

Allgemeine Expeditionsregeln

Auf deinen kommenden Expeditionen ist das Mikroskop dein wichtigstes Hilfsmittel. Daher nützt es dir, wenn du es gut kennen gelernt hast und mit seinem Umgang geübt bist. Probiere die einzelnen Handgriffe ruhig mehrmals aus und erstelle dir eine Checkliste mit wichtigen Punkten, auf die du achten musst. Hier ein «13-Punkte-Programm» mit ein paar Tipps:

1. Übe mit dem Einstellrad, das Objektiv so lange auf und ab zu bewegen, bis du dies sicher beherrschst, ohne dass das Objektiv dein Präparat berührt.
2. Achte immer auf eine ausreichende Lichtquelle und kontrolliere, ob Spiegel oder Kondensorblende richtig eingestellt sind.
3. Beginne stets mit dem Objektiv mit der kleinsten Vergrößerung (es ist meist das kürzeste) zu mikroskopieren; nur so bekommst du einen Überblick über dein Präparat und kannst dir interessante Punkte aussuchen.
4. Lege den Objektträger so auf den Objekttisch, dass das Präparat genau über dem Loch in der Mitte zu liegen kommt und sich exakt unter dem Objektiv befindet.

> ### Experimente
>
>
>
> **Selbst gebaute Präparierschale**
>
> *Du brauchst:*
> - Deckel eines Honigglases (mit hohem Rand!)
> - Küchenmesser
> - 2–3 Teelichter
> - einen kleinen Stieltopf
>
> Zerkleinere mit dem Küchenmesser das Wachs der Teelichter und gib die Stücke ohne die Dochte in den Stieltopf (du solltest einen alten Topf nehmen und deine Mutter vorher um Erlaubnis bitten). Schmilz das Wachs bei niedriger Temperatur auf dem Herd. Säubere den Deckel des leeren Marmeladen- oder Honigglases mit einem trockenen Papiertuch.
> Gieße nun das flüssige Wachs in den Deckel, sodass eine etwa 0,5 cm dicke Schicht entsteht. Wenn das Wachs erstarrt ist, kannst du deine Präparate in die Schale legen, das Ganze mit Wasser auffüllen und das Objekt mit Nadeln feststecken, damit es nicht weggleitet.

Augen, Linsen und Licht

5. Nun drehe das Objektiv langsam herab, bis das Präparat scharf zu erkennen ist. (Du musst immer wieder von der Seite kontrollieren, ob du nicht zu tief bist, um das Deckglas nicht zu zerdrücken.)
6. Achte darauf, dass wässrige Präparate oder Frischpräparate (siehe Kasten auf Seite 50) niemals austrocknen. Das passiert leicht, da die Wärme der Mikroskoplampe das Wasser verdunsten lässt. Du erkennst dies daran, dass sich Luftblasen unter das Deckglas ziehen. Halte für solche Fälle immer ein Glas mit frischem Wasser bereit und setze mit der Pipette einen Tropfen seitlich an den Rand des Deckglases. Das Wasser zieht sich dann von selbst unter das Deckglas.
7. Sorge dafür, dass kein weiteres Licht außer dem Kondensorlicht von der Seite auf dein Präparat fällt.
8. Wenn du den Objektträger seitlich verschiebst, um etwa einen anderen Bildausschnitt zu sehen, wirst du feststellen, dass das Bild in die entgegengesetzte Richtung wandert. Als wäre das noch nicht alles, steht es auch noch auf dem Kopf und ist seitenverkehrt.
9. Wenn du eine stärkere Vergrößerung haben willst, musst du ein größeres Objektiv verwenden. Achte beim Wechseln wieder auf die Tipps unter Punkt 5.
10. Gehe sorgfältig und behutsam mit deinem Mikroskop um. Nachdem du es benutzt hast, solltest du ein Tuch oder eine andere Schutzhülle darüber legen, damit es nicht verstaubt.
11. Das Okular sollte immer im Tubus stecken, damit kein Staub in das Innere des Mikroskops gelangt. Viele Mikroskope sind mit einer zusätzlichen Schutzkappe für das Okular ausgestattet.
12. Linsen solltest du mit Brillenputztüchern, Wattestäbchen, einem weichen Pinsel oder einem fusselfreien Tuch reinigen.
13. Gebrauchte Objektträger kannst du spülen und wieder verwenden. Gebrauchte Deckgläschen und zerbrochene oder nicht mehr gebrauchte Objektträger solltest du in einem

Schraubdeckelglas (z. B. leeres Marmeladenglas) sammeln. Wenn es voll ist, kannst du es verschlossen in den Altglascontainer werfen.

Nachdem du jetzt die wichtigsten Punkte über die Theorie des Mikroskopierens kennst, wollen wir uns im nächsten Kapitel daranmachen, einige einfache optische Geräte selber zu bauen.

Sehhilfen im Eigenbau

Im ersten Kapitel hast du einiges über Augen und andere Linsensysteme erfahren. In diesem Kapitel wird beschrieben, wie du dir selbst ein paar einfache optische Geräte bauen kannst.

Das Wassertropfenmikroskop

Schon ein kleiner, klarer Wassertropfen eignet sich als Linse eines optischen Systems. Die Vergrößerung ist zwar nicht ganz optimal, allerdings reicht ein so einfacher optischer Versuch aus, um dir ein Gefühl für das Vergrößern zu geben. Auf dieser Expedition erfährst du also, wie ein Wassertropfenmikroskop gebaut wird. An dem Prinzip der einfachsten Linse kannst du sehr gut beobachten, wie sich die Sichtweite verändert, wenn der Tropfen flacher oder kugeliger wird.

Für den Bau eines einfachen, aber wirkungsvollen Wassertropfenmikroskops brauchst du:

Abb. 7:
Schon bei diesem einfachen Mikroskop zeigt sich: Die stärkere oder schwächere Krümmung des Wassertropfens (oder einer Linse) entscheidet darüber, wie groß oder wie klein man einen abgebildeten Gegenstand sieht.

- *1 zylindrisches Wasserglas (z. B. ein Senfglas)*
- *1 dünnes Ringgummi*
- *1 kleine Unterlegscheibe (von einer Fahrradmutter)*
- *1 Metallsteg eines Schnellhefters oder 1 große Büroklammer*
- *1 Tropfpipette*
- *Objektträger*
- *Filterpapier*

Zuerst knickst du den Steg des Schnellhefters im oberen Drittel um. Schneide ein Stück Tesafilm ab, sodass die Klebeseite nach oben zeigt.

Den Streifen nicht in der Mitte, sondern vorsichtig am Rand anfassen, um Fingerabdrücke zu vermeiden. Drücke jetzt das kurze, abgeknickte Ende des Metallstegs auf den Klebstreifen, sodass das Loch mit Tesafilm verschlossen ist. Die überstehenden Klebstreifenreste schneidest du ab. Drehe das Glas oder den Becher um und ziehe das Ringgummi darüber. Nun kannst du den Metallsteg zwischen Gummi und Glas klemmen. Dadurch steht dein Metallsteg ruhig und sicher. Anschließend wird die Unterlegscheibe (deren Öffnung genauso groß sein sollte wie das Loch des Metallstegs) über das abgeklebte Loch des Metallstreifens gelegt. Träufele vorsichtig einen Tropfen Wasser auf die Öffnung. Er übernimmt die Funktion einer Linse zum Vergrößern. Jetzt fehlt nur noch ein Maßstab zum Größenvergleich.

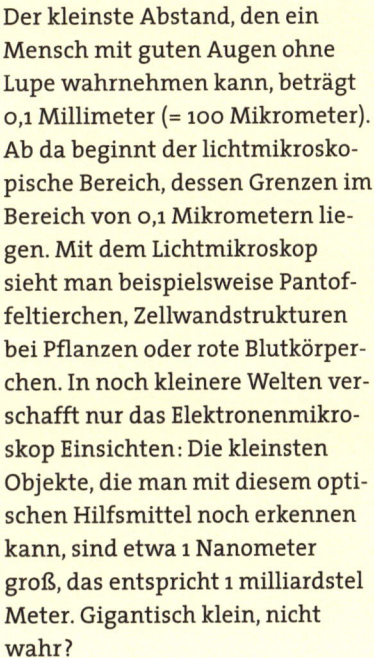

Zahlen & Rekorde

Ich sehe was, was du nicht siehst

Der kleinste Abstand, den ein Mensch mit guten Augen ohne Lupe wahrnehmen kann, beträgt 0,1 Millimeter (= 100 Mikrometer). Ab da beginnt der lichtmikroskopische Bereich, dessen Grenzen im Bereich von 0,1 Mikrometern liegen. Mit dem Lichtmikroskop sieht man beispielsweise Pantoffeltierchen, Zellwandstrukturen bei Pflanzen oder rote Blutkörperchen. In noch kleinere Welten verschafft nur das Elektronenmikroskop Einsichten: Die kleinsten Objekte, die man mit diesem optischen Hilfsmittel noch erkennen kann, sind etwa 1 Nanometer groß, das entspricht 1 milliardstel Meter. Gigantisch klein, nicht wahr?

Zeichne dir dazu auf einen Objektträger mit Hilfe eines Geodreiecks und eines feinen Filzstifts zwei dünne Linien direkt nebeneinander, die einen Abstand von einem Millimeter haben, und lege ihn unter den Glasständer deines Wassertropfenmikroskops. Jetzt ist die einfachste Mikroskop-Variante «Marke Eigenbau» fertig, und es kann losgehen! Schiebe den Metallsteg unter dem Gummi auf und ab, wobei du aber Erschütterungen vermeiden solltest, da dein «Linsensystem» sonst zu stark wackelt und verschwimmt. Wenn du dir bei deiner Konstruktion unsicher bist, vergleiche die einzelnen Schritte mit der Zeichnung von Abbildung 7.

> **Berühmte Leute**
>
> **Die Väter der modernen Mikroskopie**
>
> 1866 veröffentlichte der deutsche Physiker **Ernst Abbe** Pläne für Mikroskope mit verbessertem Auflösungsvermögen, die dann schon bald von dem Optiker **Carl Zeiss** in Jena gebaut wurden. Mit Hilfe eines ihrer Geräte gelang es bereits wenige Jahre später dem deutschen Arzt **Robert Koch**, die Erreger sehr gefährlicher Krankheiten – wie Tuberkulose, Milzbrand und Cholera – zu entdecken.

Der Blick durch einen Tropfen

Nimmst du dir noch einmal den Maßstab auf dem Objektträger vor, kannst du einen deutlich größeren Abstand zwischen den beiden Strichen erkennen als durch den Wassertropfen.

Durch das Auf-und-ab-Schieben des Metallstegs werden die Striche größer und deutlicher, je stärker du dich der Linse (also dem Tropfen) näherst. Wenn du ganz nahe bist, verschwimmen die Striche ebenfalls. Auf diese Weise kannst du auch die Vergrößerung deines Systems verändern, denn der Abstand zwischen Linse und abgebildetem Gegenstand entscheidet neben der Linsenkrümmung darüber, wie scharf der Gegenstand zu erkennen ist. Der Abstand, in dem du ein Bild scharf siehst, wird von den Physikern als «Brennweite eines optischen Systems» bezeichnet.

Wenn du zu deinem ersten einen weiteren Tropfen Wasser hinzugibst, wird dieser größer und kugeliger. Aber auch die Striche werden etwas größer und verschwimmen dann. Saugst du jedoch umgekehrt mit etwas Filterpapier winzige Mengen des Wassers aus dem Tropfen ab, dann siehst du die Striche wieder viel kleiner. Der Wassertropfen ist kleiner und flacher geworden, und dementsprechend hat sich die Brennweite verändert und die Vergrößerung abgenommen.

Stereosehen – warum zwei Augen besser sehen als eines

Nachdem du erste Schritte in die Welt des Mikrokosmos gemacht hast und einiges über Augen, Linsen und Lupen weißt, erfährst du jetzt, wie du dir eine einfache Stereolupe bauen kannst.

Mache einmal folgendes Experiment: Halte dir ein Auge mit der Hand zu und bewege die andere auf das freie Auge zu und dann wieder weg. Nimm die Hand vom Auge weg und bewege die andere Hand noch einmal hin und her: Jetzt kannst du abschätzen, wo genau sich die Hand befindet.

Zwei Augen an der Vorderseite des Kopfes ermöglichen es, deine Umgebung räumlich – also in ihrer Tiefe – wahrzunehmen. Der Fachmann nennt diese Form des Sehens «Stereo- oder binokulares» Sehen. Der Bereich, der durch beide Augen «abgetastet» wird, ist das so genannte Gesichtsfeld. Bei manchen Tieren, deren Augen seitlich am Kopf sitzen, wie beim Kiebitz, ist das Gesichtsfeld identisch mit einem kompletten Rundumblick. Eine Besonderheit stellt auch der Vieraugenfisch dar, der ein zweigeteiltes Auge besitzt: Seine Pupille, seine Horn- und seine Netzhaut werden durch ein waagerechtes Hautband in zwei Hälften geteilt, sodass der Fisch, wenn er an der Wasseroberfläche schwimmt, gleichzeitig sowohl unter als auch über dem Wasser sehen kann. Mit dem Oberauge nimmt er Dinge in der Luft wahr, mit dem Unterauge hingegen sieht er Gegenstände unter Wasser. Die Linsen der oberen Augen sind auch etwas flacher als die der unteren, was eine Anpassung an das Sehen unter und über Wasser darstellt.

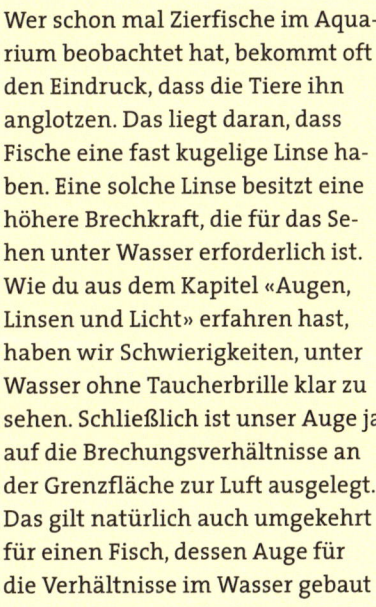

Nachgefragt

Warum glotzen Fische so?

Wer schon mal Zierfische im Aquarium beobachtet hat, bekommt oft den Eindruck, dass die Tiere ihn anglotzen. Das liegt daran, dass Fische eine fast kugelige Linse haben. Eine solche Linse besitzt eine höhere Brechkraft, die für das Sehen unter Wasser erforderlich ist. Wie du aus dem Kapitel «Augen, Linsen und Licht» erfahren hast, haben wir Schwierigkeiten, unter Wasser ohne Taucherbrille klar zu sehen. Schließlich ist unser Auge ja auf die Brechungsverhältnisse an der Grenzfläche zur Luft ausgelegt. Das gilt natürlich auch umgekehrt für einen Fisch, dessen Auge für die Verhältnisse im Wasser gebaut ist und der «in die Luft» guckt.

Vergrößerung im kleinen Maßstab

Mit Hilfe einer Stereolupe, wie du sie dir im Folgenden selbst basteln wirst, kannst du größere Proben (z. B. eine flache Schüssel mit Teichwasser) nach interessanten Objekten durchsehen, die du an-

> **Zahlen & Rekorde**
>
>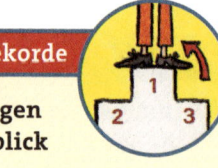
>
> **Mit Adleraugen und Falkenblick**
>
> Nicht nur Falken und Adler haben den berühmten «Raubvogelblick»: Auch bei Geiern sind die Augen so gebaut, dass sie sogar aus 2500 Metern Höhe noch Einzelheiten am Boden erkennen können. Ihre Augen enthalten eine Art «innere Lupe», die die Sehschärfe dieser Vögel um das 2- bis 2,5fache vergrößert.

schließend herausfischen und bei stärkerer Vergrößerung unter dem Mikroskop anschauen kannst. Bei manchen Tieren – etwa einem Kleinkrebs oder einem hübschen bunten Käfer – kannst du beispielsweise durch die Lupe sehr viel mehr erkennen als unter dem Mikroskop: Denn sehr oft müssen mikroskopische Präparate erst auf komplizierte Weise aufbereitet werden, damit man interessante Details überhaupt erkennen kann. Über diese Vorbereitungsschritte wirst du in den folgenden Abschnitten einiges erfahren, aber zunächst wollen wir einmal eine Stereolupe bauen.

Abb. 8: Auch der Schlammspringer, ein Bewohner der Mangroven-Wälder Südostasiens, ist ein Fisch mit besonderen Augen. Er kann vorübergehend an Land leben. Während dieser Zeit hält er seine Augen feucht, indem er sie in die Augenhöhlen zurückzieht.

Die Stereolupe

Für den Bau einer Stereolupe brauchst du:
- 1 breiteren Streifen Pappe oder festen Karton (ca. 30 cm)
- 1 schmaleren, ca. 20 cm langen Pappstreifen
- 2 kleine Handlupen aus Kunststoff (beide sollten gleich groß und 3 – 4 cm breit sein)
- Tesafilm und Schere
- eventuell 1 bis 2 kleine Pappschachteln oder flache Dosen

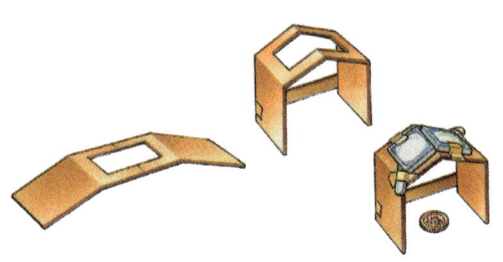

Abb. 9:
Die «Eigenbau-Stereolupe» wird dir auf deiner Expedition gute Dienste leisten.

Zuerst schneidest du in den breiteren Pappstreifen je nach der Form deiner Handlupen ein rechteckiges Loch, das einen Durchmesser von etwa 5 bis 6 cm haben sollte – auf jeden Fall sollte es kleiner sein als der Durchmesser der Handlupen.

Ritze nun den Streifen rechts und links des Rechtecks an (vergleiche Abbildung 9). Knicke ihn jetzt an den Falzen so um, dass der Pappstreifen aussieht wie ein Haus mit Giebel.

Stabilisiere deine «Stereolupe» mit dem schmalen Pappstreifen, indem du ihn rechts und links an den senkrechten Seiten mit Tesa festklebst.

Lege jetzt beide Lupen auf das Loch im Giebel (siehe wieder rechts oben) und befestige sie ebenfalls mit Klebeband. Deine Stereolupe ist nun fertig! Falls du deine Präparate nicht scharf erkennen kannst, musst du – je nachdem – entweder die Seiten der Lupe oder aber dein Präparat erhöhen, indem du Schachteln oder Dosen unterlegst.

Nachgefragt

Was bedeutet eigentlich «Auflicht»?

In den meisten Fällen werden Präparate in einem Mikroskop durchleuchtet, sofern sie durchsichtig sind. Das Durchlicht wird dabei vom Kondensor oder dem dort sitzenden Spiegel gestellt. Manche Präparate sind jedoch undurchsichtig und müssen daher von oben beleuchtet werden. Dies geschieht mit Hilfe des so genannten Auflichts. Dazu stellst du eine Tischlampe so ein, dass ihr Licht auf den Objektträger mit dem Präparat fällt. Die vom Objekt reflektierten Strahlen treffen dann auf das Objektiv. Dazu muss die Lampe des Kondensors ausgeschaltet und der Spiegel so eingestellt sein, dass kein Licht von unten auf das Präparat fällt.

Und wenn nicht alles klappt?

Ein preiswerter Ersatz für eine teure Stereolupe ist eine so genannte Lupendeckeldose. Du bekommst sie in Spielwaren- und Bastelgeschäften. Diese Dosen haben einen Durchmesser von zirka 10 Zentimetern und sind etwa 5 Zentimeter hoch. Der Lupendurchmesser beträgt etwa 8 Zentimeter. Mit ihnen kannst du Käfer, Asseln, Spinnen und andere Kleintiere betrachten. Es gibt sogar Ersatzdosen ohne Lupendeckel, die dann noch etwas preiswerter sind. Du kannst also verschiedene Proben sammeln und sie später mit dem Lupendeckel vergleichen. Vorteilhaft ist auch, dass du die Tiere in ihrer natürlichen Bewegung beobachten und eigentlich vollkommen unbeschädigt wieder in die Freiheit entlassen kannst. Wenn du geschickt bist, kannst du sogar einen Käfer oder Schmetterling im Flug einfangen. Die Vergrößerung ist nicht sonderlich hoch, doch sind Lupendeckeldosen ein erster Schritt auf dem Weg in den Mikrokosmos.

Erste Funde

Auf der «Expedition Mikroskop» möchtest du nun sicherlich selbst Präparate anfertigen. Was ist eigentlich ein Präparat?

Der Begriff stammt vom lateinischen *praeparare*, das heißt «vorbereiten». Die Fachleute verstehen unter einem Präparat demnach all jenes Material, das für eine Untersuchung unter dem Mikroskop vorbereitet wurde. Ob es sich bei den Objekten um Tiere oder Pflanzen handelt, lässt sich leicht herausfinden: Nur Lebewesen bestehen nämlich aus Zellen.

Zellen – die Bausteine des Lebens

Zellen können verschiedene Formen haben, aber sie besitzen eine Reihe von Merkmalen, die bei allen Lebewesen vorkommen.

Jede Zelle ist von einer dünnen Hülle, der Zellmembran, umgeben. Weiterhin besitzen die Zellen höherer Pflanzen und Tiere stets einen Zellkern; dieser Kern, der bei Bakterien und Blaualgen fehlt, trägt die Erbinformation und sichert so den Fortbestand des Lebens. Zellen sind außerdem mit einer gallertartigen Flüssigkeit, dem Zellplasma, gefüllt. (Zellplasma erinnert ein bisschen an dünnen Wackelpeter.)

Ansonsten unterscheiden sich Pflanzen- von Tierzellen durch drei Merkmale: (1) Pflanzenzellen sind von einer festen Wand aus Zellulose (die du als Zellstoff, den wichtigsten Bestandteil des Papiers, kennst) umgeben. Zellwände waren übrigens jene «Kämmerchen», die Hooke (siehe nächste Seite) beobachtet hatte. (2) Sie sind mit einem dehnbaren Hohlschlauch, der Vakuole, ausge-

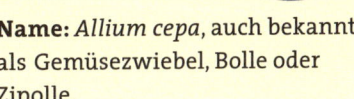

Steckbrief

Gesucht:
Die Küchenzwiebel

Name: *Allium cepa*, auch bekannt als Gemüsezwiebel, Bolle oder Zipolle.

Fundort: Auf Äckern und in Gemüsegärten.

Besondere Kennzeichen: Küchenzwiebeln sind mehrjährige Gewürz- und Gemüsepflanzen, die ursprünglich aus Zentralasien, genauer gesagt, aus Afghanistan stammen. Schon zur Zeit der Pharaonen wurde sie in Ägypten angebaut, und heute findet man sie überall auf der Welt. Die fleischigen Zwiebeln enthalten Speicherstoffe: Hierbei handelt es sich nicht um Stärke, wie etwa bei Kartoffeln und Weizen, sondern um Zucker. Daher schmecken Zwiebeln leicht süßlich. Als Heilmittel helfen sie gegen Ohrenschmerzen und Halsweh.

> **Berühmte Leute**
>
> **Die Entdecker der Zellen**
>
> Als erster Mensch betrachtete der Engländer **Robert Hooke** im 17. Jahrhundert die Zellen eines Korkstücks durch ein selbst gebautes Mikroskop. Was er dabei sah, erinnerte ihn an kleine Zimmer. Deshalb nannte er sie *Cellulae* (lateinisch für «Kämmerchen»), und daraus entstand der Begriff «Zelle». Erst nachdem man die Mikroskope verbessert hatte, konnte man den genauen Zellaufbau einer pflanzlichen Zelle erkennen. 1833 entdeckte beispielsweise der schottische Botaniker **Robert Brown** (1773 bis 1858) bei mikroskopischen Untersuchungen an Orchideen, dass Pflanzen einen Zellkern besitzen. Aus seinen Erkenntnissen entwickelte sich später die Lehre von den Zellen, in Fachkreisen auch als *Cytologie* bekannt.

füllt, der wie ein Ballon auf- und abschwellen und so das Zellvolumen verändern kann. (3) Außerdem besitzen sie grüne Zellbestandteile, die Chloroplasten. Diese enthalten das so genannte Chlorophyll oder Blattgrün, einen Farbstoff, den die Zelle benötigt, um sich mit Energie zu versorgen. Mehr über diesen komplizierten Vorgang der Photosynthese findest du auf Seite 56.

Wie du auf den Ausflügen ins Reich der Mikroskopie feststellen wirst, kommen in manchen Pflanzenzellen kristallförmige Einschlüsse vor, andere enthalten Fetttröpfchen oder bizarr geformte Stärkekörner. Mitunter kannst du auch sehen, wie das Plasma innerhalb der Zelle strömt und dabei Zellbestandteile – etwa Chloroplasten – mit bewegt. Mit etwas Glück – und wenn du über ein gutes Mikroskop verfügst – kannst du das beispielsweise besonders schön bei den dünnen Zellen der Wasserpest beobachten (siehe dazu den Abschnitt «Totalpräparate»).

Der Zwiebel auf die Pelle gerückt

1 Küchenmesser, 1 Rasierklinge, 1 Küchenzwiebel, Pinzette, Objektträger, Deckgläser

1. Schneide mit einem Küchenmesser eine Zwiebel in vier Teile.
2. Nimm nun eines der Viertel und ritze es auf seiner Innenseite mit der Rasierklinge mehrfach über Kreuz ein. Das feine Häutchen der Innenseite weist nun mehrere kleine Quadrate auf.
3. Pipettiere einen Tropfen Wasser auf einen sauberen Objektträger. Danach ergreifst du mit der Pinzette die Ecke eines der «Häutchenquadrate», ziehst es vorsichtig ab und setzt es auf

dem Tropfen ab. (Wenn dir dies zu kniffelig ist, zieh einfach ein ganzes Häutchen ab.)
4. Mit der Pinzette greifst du dir ein Deckgläschen, setzt es auf den Objektträger schräg neben dem Tropfen und senkst es langsam auf ihn herab. Achte darauf, dass keine Luftbläschen zwischen Deckglas und Objektträger geraten.
5. Zu viel Wasser auf dem Objektträger kannst du mit Küchenkrepp absaugen. Sollte zu wenig Wasser unter dem Deckglas sein, kannst du mit der Pipette einen kleinen Tropfen daneben setzen und mit Krepppapier auf der anderen Seite durchsaugen. Färbelösungen wie Tusche oder blaue Tinte werden auf gleiche Weise unter dem Deckglas durchgesaugt.

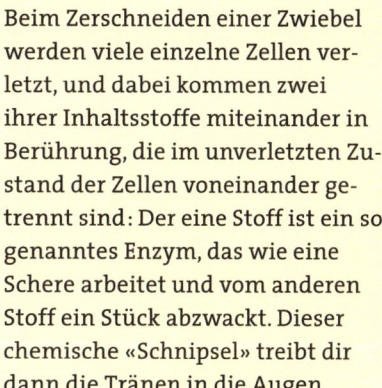

Nachgefragt

Warum «beißen» Zwiebeln?

Beim Zerschneiden einer Zwiebel werden viele einzelne Zellen verletzt, und dabei kommen zwei ihrer Inhaltsstoffe miteinander in Berührung, die im unverletzten Zustand der Zellen voneinander getrennt sind: Der eine Stoff ist ein so genanntes Enzym, das wie eine Schere arbeitet und vom anderen Stoff ein Stück abzwackt. Dieser chemische «Schnipsel» treibt dir dann die Tränen in die Augen.

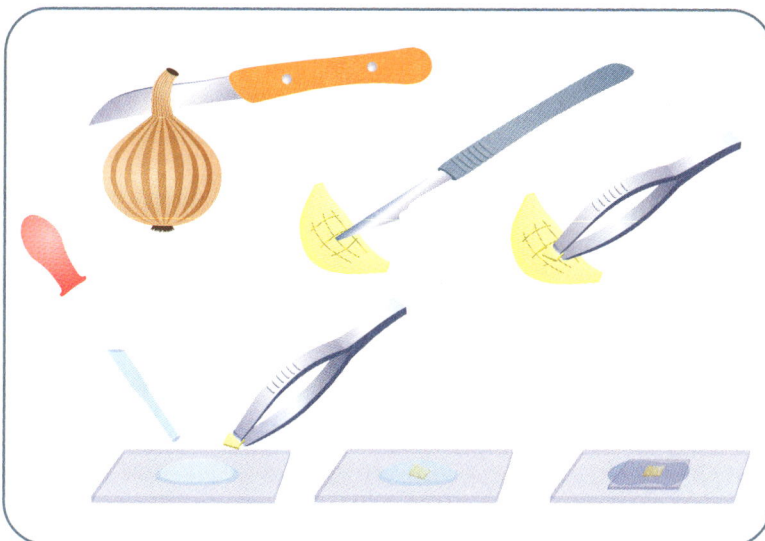

Abb. 10: Schritt für Schritt entsteht ein Zwiebelhäutchen-Präparat

Erste Funde • 33

> **Zahlen & Rekorde**
>
> **Gigantische Zellen**
>
> Wusstest du, dass Jutefasern, aus denen Beutel und Säcke hergestellt werden, mit einer Faserlänge von bis zu 3,6 Metern die längsten Pflanzenzellen überhaupt sind?

Im Mikroskop sieht man bei 100facher Vergrößerung mehrere «Zellkammern» wie Ziegelsteine in einer Mauer nebeneinander liegen. Den größten Teil einer solchen Zwiebelhautzelle nimmt die Vakuole ein. Das farblose, gallertige Zellplasma liegt eng an der Wand einer jeden Zelle und sammelt sich nur in einer Ecke, der so genannten Kerntasche. Dort liegt auch der rundliche oder linsenförmige Zellkern, den man bereits bei 300facher Vergrößerung sehen kann. Mit etwas Glück kannst du Strömungen innerhalb des Zellplasmas erkennen. Wenn du deinem Präparat einen Tropfen Methylenblau zugibst, treten die Umrisse von Kern, Zellwand, Plasma und Vakuole deutlicher hervor (siehe Abbildung 12).

Abb. 11: Aufnahme einer ungefärbten Zwiebelhautzelle.

Noch ein Tipp …

Versuche das, was du siehst, auch zu zeichnen. Auf diese Weise lernst du nach und nach, die Größenverhältnisse abzuschätzen, und bekommst mehr Sicherheit darin, was du im Mikroskop entdecken kannst. Und außerdem hast du immer stichhaltige Beweise für die Funde, die du auf deinen Expeditionen in den Mikrokosmos gemacht hast. Verwende zum Zeichnen einen mittelharten oder weichen Bleistift. Wenn du dich mal «verzeichnet» hast, kannst du deinen Fehler rasch wegradieren. In der Mitte des Buches findest du als Bastelgimmick eine Kopiervorlage für einen Bestimmungsbogen. Hier kannst du deine Beobachtungen eintragen, eine Zeichnung machen und dir eine richtige Kartei zu deinen Funden anlegen. Die Papierlupen zeigen Präparate, wie man sie durchs Mikroskop sehen kann. Genauso gut kannst du deine eigenen Untersuchungsergebnisse in die schwarzweißen Lupenvorlagen, die du ebenfalls zuerst kopieren solltest, einzeichnen.

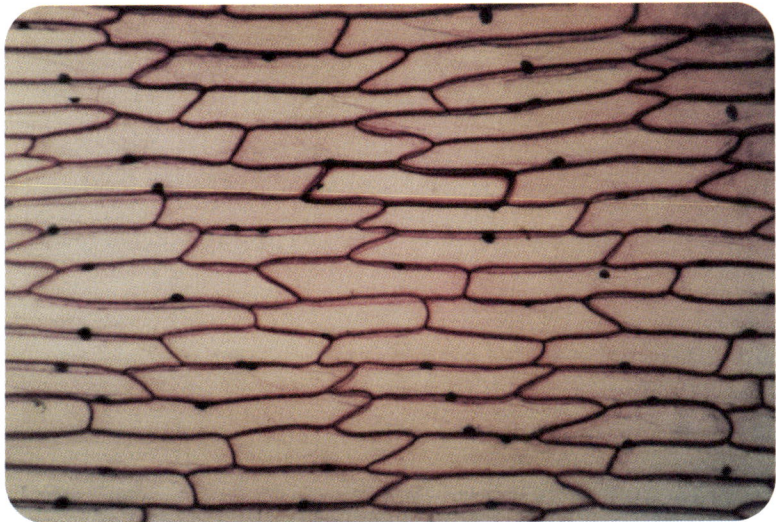

Abb. 12: Hier siehst du die Zellen eines Zwiebelhäutchens, die mit Methylenblau angefärbt wurden. Deutlich erkennt man die dunkleren Zellwände und Zellkerne gegenüber dem helleren Zytoplasma.

Dschungelpfade für Anfänger

Jetzt, da du dich mit dem Mikroskop vertraut gemacht hast, wirst du Wege kennen lernen, wie man Präparate vorbereitet und herstellt. Dorthin führen wirklich nur wahre Dschungelpfade!

Denn um Details erkennen zu können, müssen die meisten Objekte auf spezielle Art und Weise vorbehandelt werden. Bei der Zwiebelhaut war dies noch recht einfach, die meisten anderen Dinge müssen jedoch in feine Scheiben geschnitten werden, damit man «hindurchschauen» kann. Dazu werden sie zunächst einmal fixiert, oftmals auch eingebettet, um von ihnen dünne Schnitte anzufertigen. Anschließend erfolgt der schwierige Vorgang des Schneidens, und schließlich muss man alles noch anfärben, damit man auf dem mikroskopischen Bild überhaupt etwas sieht.

Fixieren und Einbetten

Das Fixieren ist der erste Schritt des Präparierens. Lebendige Zellen sterben rasch ab, wenn man sie aus dem Zellverband herausreißt. Legt man sie in Alkohol, Formaldehyd oder flüssiges Kunstharz, werden sie zum einen haltbar gemacht und dadurch auch für das spätere Schneiden vorbereitet. Hierzu werden besonders weiche Objekte durch bestimmte Chemikalien gehärtet, um eine bessere Schneidfähigkeit zu erzielen. Zu harte Objekte hingegen müssen «chemisch» weicher gemacht werden, damit man sie in feine Scheiben zerlegen kann. Ein solcher «Weichmacher» kann bereits eine Spülmittel- oder Seifenwasserlösung sein.

Im nächsten Arbeitsschritt wird das Präparat eingebettet, also in eine weiche Masse gegeben, die nach und nach erhärtet und sich dann besser schneiden lässt. Je homogener – also gleichartiger – Präparat und Einbettungsmittel sind, desto leichter lassen sie sich schneiden. Folgendes Beispiel soll dir das erläutern: Ein Butterbrot, das aus zwei Scheiben Schwarzbrot mit einer Scheibe Gouda oder Fleischwurst besteht, lässt sich viel glatter und leichter schneiden als beispielsweise ein zusammengeklapptes Brot mit rohem Schinken. Käse, Fleischwurst und Brot sind vergleichsweise «homogene» Substanzen. Die Schinkenscheiben haben dagegen noch eine Faserstruktur und bieten beim Schneiden mehr Widerstand als die «strukturlosen» Brotscheiben, die sozusagen den Schinken «einbetten».

Präparate, die nicht geschnitten werden, kann man trotzdem einbetten, etwa um Dauerpräparate herzustellen. Hierzu verwendet man durchsichtige Lacke und Harze. Mit so genannter Glyzeringelatine, einem Gemisch aus Glyzerin und gelöster Gelatine, oder auch nur reinem Glyzerin aus der Apotheke geht es ebenso gut. Im folgenden Abschnitt wirst du erfahren, wie man aus einem Insektenkopf ein Frisch- oder ein Dauerpräparat machen kann.

> **Nachgefragt**
>
> **Warum tun Bremsenstiche so weh?**
>
> Ähnlich wie weibliche Stechmücken ernähren sich auch bei den meisten Bremsen die Weibchen von Blut. Ihr Stich ist äußerst schmerzhaft, weil ihre borstenförmigen Mundwerkzeuge keinen Stechrüssel bilden, der wie bei den Mücken ähnlich einer Injektionsnadel in die Haut eindringt, sondern eher wie eine Art Mini-Stichsäge gebaut ist. Diese raspelt sich dann in die Haut.
> Besonders gemein erscheint es zudem, dass manche Bremsen, wie etwa die Pferdebremse, dann auch noch lautlos heranfliegen, gezielt Arme und Beine aussuchen und beim Sitzen sofort zustechen. Im Speichel der Bremse ist eine gerinnungshemmende Substanz enthalten, die verhindert, dass dem Weibchen das Blut des Opfers im «Maul» verklumpt; sie verursacht später die juckenden Schwellungen und verhindert zudem die schnelle Gerinnung des Blutes in der Wunde.

Insekten – die heimlichen Herrscher

Insekten bilden den artenreichsten Tierstamm der Erde – drei von vier Tierarten gehören zu den Insekten. Auf deinen Expeditionen wirst du daher auch vielen dieser Kerbtiere begegnen. Wie sieht ein typisches Insekt, etwa eine Wespe, eigentlich aus? Es hat einen dreiteiligen Körper, der aus Kopf, Brust und Hinterleib besteht, ferner (meist) zwei Flügelpaare so-

> **Zahlen & Rekorde**
>
> **Insekten – die artenreichste Tiergruppe der Erde**
>
> Wenn es nach der Anzahl lebender Arten ginge, würden Insekten mit über 900 000 von insgesamt 1,2 Millionen bekannten und wissenschaftlich bestimmten Spezies auf Platz 1 der Weltrangliste liegen. Wissenschaftler gehen übrigens davon aus, dass diese gigantische Zahl nur etwa 10 bis 20 Prozent aller tatsächlichen Kerbtierarten darstellt und dass die Hälfte von ihnen Käfer sind.

wie drei gegliederte Beinpaare. Flügel und Beine sitzen stets im Brustbereich. Am Kopf befinden sich die großen Facettenaugen, ein Paar Fühler sowie drei Paar Mundgliedmaßen. Und die wollen wir uns einmal näher ansehen.

Spritze, Lakritzschnecke und Stichsäge – Insekten haben viele Mundwerkzeuge

Der Mundbereich der Insekten beruht stets auf einem Grundbauplan, der je nach Ernährungs- und Lebensweise der Tiere verändert und angepasst wurde. Er gliedert sich in Oberkiefer, Unterkiefer sowie in die Unterlippe. Die Oberlippe zählen Fachleute aus speziellen Gründen nicht zu den Mundwerkzeugen. Diesen Bauplan findet man bei solchen Insekten, die ihre Nahrung abbeißen oder zerkauen müssen, wie z. B. Schaben, Heuschrecken und Käfer. Bienen und Hummeln hingegen lecken Pollen auf oder saugen am Blütennektar. Ihre Mundgliedmaßen entwickelten sich folglich zu leckend-saugenden Werkzeugen. Schmetterlinge und Fliegen ernähren sich nur noch von Flüssigkeiten, sie können gar nicht mehr beißen und besitzen reine «Saugrüssel». Wanzen und Mücken saugen zwar Blut oder Pflanzensäfte, müssen vorher jedoch Haut oder Zellwände durchstechen – ihre Mundgliedmaßen zählen daher zum stechend-saugenden Typ, ähnlich einer Spritze.

Wo finde ich das Material?

Tote Bienen liegen oft in der Nähe von Bienenstöcken, während tote Wespen besonders im Winter auf Wäschespeichern oder in trockenen Schuppen zu finden sind. Auch in verlassenen Wespennestern wirst du immer ein paar dieser Tiere tot auffinden können. (Um bewohnte Nester solltest du jedoch einen weiten Bogen schlagen!) Besonders ergiebige Fundorte sind im Sommer Schwimmbecken, in denen die Insekten zu Dutzenden ertrinken. Pass jedoch auf, dass die Stechinsekten auch tatsächlich tot sind!

Natürlich kannst du auch frisch tote Bremsen, Fliegen oder Mücken präparieren, die auf Fensterbänken liegen, nachdem sie gestorben sind. Bitte bringe keine Tiere zum Mikroskopieren um, tote gibt es überall.

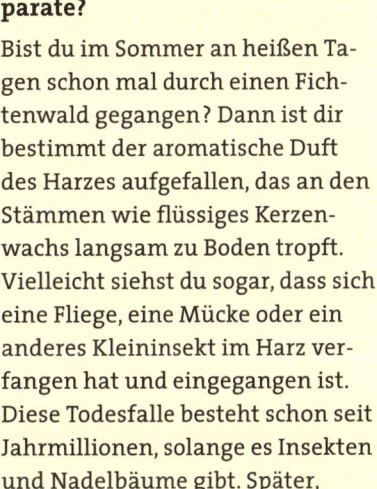

Nachgefragt

Wie entstehen fossile Dauerpräparate?

Bist du im Sommer an heißen Tagen schon mal durch einen Fichtenwald gegangen? Dann ist dir bestimmt der aromatische Duft des Harzes aufgefallen, das an den Stämmen wie flüssiges Kerzenwachs langsam zu Boden tropft. Vielleicht siehst du sogar, dass sich eine Fliege, eine Mücke oder ein anderes Kleininsekt im Harz verfangen hat und eingegangen ist. Diese Todesfalle besteht schon seit Jahrmillionen, solange es Insekten und Nadelbäume gibt. Später, wenn die Bäume absterben und von Erde bedeckt werden, verändert sich dieses Harz. Jahrmillionen später kann man es als goldgelben Bernstein finden – und mit ihm das Insekt, das in ihm eingeschlossen ist.

Ausrüstung für deine Mikroskopier-Expedition

1 mit Wasser gefülltes Schraubdeckelglas, 1 Esslöffel Waschpulver (oder Spülmittel), 2 Pinzetten, Skalpell, Schere, Stecknadeln, Objektträger, Deckgläschen, Glyzerin, Gelatinepulver, Flüssigklebstoff (z. B. UHU), 1 Stieltopf, Nagellack oder Bastellack (braucht nicht durchsichtig zu sein)

1. Löse Waschpulver oder Spülmittel in Wasser auf und gib deine toten Insekten hinein. Schraube den Deckel zu und lasse die Tiere 3 bis 4 Tage in der Lösung stehen, bis ihr Panzer aus Chitin weich wird.
2. Fische das Insekt aus der Lösung und spüle es unter klarem Wasser ab.

Steckbrief

Gesucht: Die Regenbremse

Name: *Haematopota pluvialis*, auch bekannt als Gewitterfliege, Blinde Fliege

Fundort: Besonders im August und September sehr zahlreich vertretene Bremsenart, die sich am liebsten in Feuchtwiesen, Auen und feuchten Wäldern aufhält.

Besondere Kennzeichen: Die 8–12 Millimeter lange, grau-schwarze Bremse faltet ihre grau gefleckten Flügel in Ruhestellung dachartig über dem Hinterleib zusammen. Am Kopf sitzen große, leuchtend bunt schillernde Augen. Die Weibchen saugen das Blut von Menschen und Säugetieren, während sich die harmlosen Männchen von Nektar ernähren.

3. Du kannst nun den Insektenkopf entweder mit der Pinzette abreißen oder ihn in deiner Präparierschale (siehe Bauanleitung auf Seite 21) vorbereiten. Beides sollte aber unter der Stereolupe geschehen. (Wenn du keine besitzt, kannst du hierfür deine selbst gebastelte Stereolupe oder eine Lupendeckeldose verwenden.)
4. Zu diesem Zweck kannst du das Tier in der Schale mit Nadeln feststecken und dann den Kopf oder andere interessante Kör-

Abb. 13: Mit seinem langen Rüssel, der in Ruhe wie eine Lakritzschnecke eingerollt ist, nimmt dieser Baumweißling wie die meisten anderen Schmetterlinge ausschließlich Flüssigkeit auf.

perteile mit Schere oder Skalpell abtrennen.

5. Überführe den Kopf auf einen Objektträger, gib einen Tropfen Glyzerin hinzu. Deckglas drauf, und das Präparat ist fertig und kann nun mikroskopiert werden.
6. Die Herstellung eines Dauerpräparats ist etwas schwieriger, aber da der Insektenkopf ja schon in der Spülmittellösung eingeweicht war, ist die Hälfte bereits erledigt. Die folgende Methode lohnt sich nur bei kleinen Präparaten, die du unter dem Mikroskop anschauen kannst.
7. Hierfür stellst du ein 1:1-Gemisch aus Glyzerin und Wasser her, in dem 1 Teelöffel gemahlene Gelatine gelöst ist (das

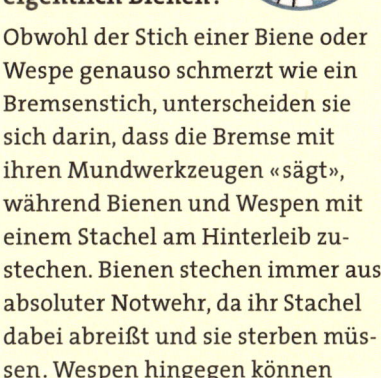

Nachgefragt

Womit stechen eigentlich Bienen?

Obwohl der Stich einer Biene oder Wespe genauso schmerzt wie ein Bremsenstich, unterscheiden sie sich darin, dass die Bremse mit ihren Mundwerkzeugen «sägt», während Bienen und Wespen mit einem Stachel am Hinterleib zustechen. Bienen stechen immer aus absoluter Notwehr, da ihr Stachel dabei abreißt und sie sterben müssen. Wespen hingegen können mehrmals stechen und behalten ihren Stachel.

Abb. 14: Wenn Bienen einen Menschen stechen, ist dies ihre letzte Tat gewesen, da ihr Stachel Widerhaken besitzt. Diese bleiben in der Haut stecken und reißen beim Wegfliegen den Stachel heraus – die Biene muss unweigerlich zugrunde gehen.

Fixieren und Einbetten

Glyzerin-Wasser-Gemisch muss zum Lösen der Gelatine im Topf erhitzt werden).

8. Gib einen Tropfen der noch warmen, flüssigen Glyzeringelatine auf dein Insektenpräparat, dann mit einem Deckglas bedecken.
9. Wenn dir die Herstellung von Glyzeringelatine zu aufwendig ist, kannst du dein Präparat auch in einem Tropfen UHU einbetten. Gib dazu erst den Klebstoff auf den Objektträger, tauche den Insektenkopf mit der Pinzette in den Tropfen. Achte darauf, dass keine Luftblasen entstehen.
10. Wenn die Gelatine getrocknet ist, schneidest du die ausgetretenen, erhärteten Reste am Rand des Deckglases mit dem Skalpell ab.
11. Nun versiegelst du dein Präparat, indem du den Rand dick mit Lack bestreichst.
12. Abschließend beschriftest du ein Klebeetikett mit allen wichtigen Infos zum Präparat – worum es sich handelt, woher es stammt, wer es gefunden hat, mit welchen Mitteln es eingebettet oder gefärbt wurde usw. (siehe auch den Kartierbogen des Bastelgimmicks).

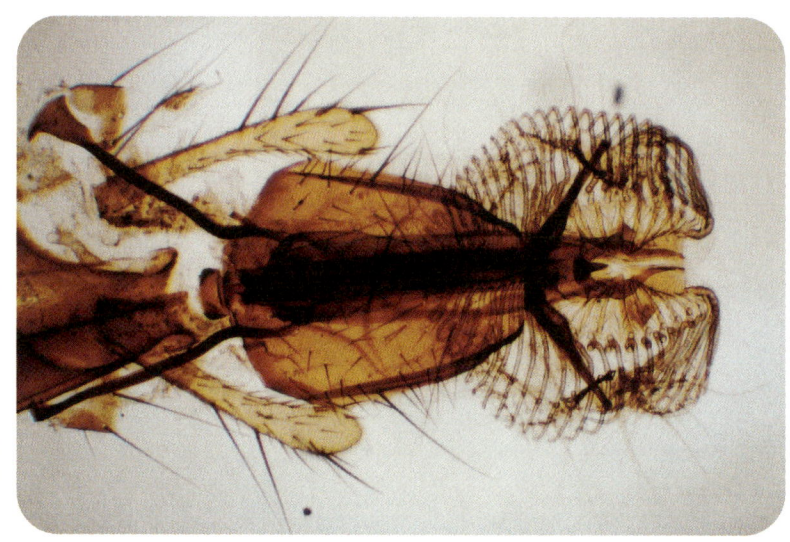

Abb. 15: Einen Fliegenrüssel erkennt man deutlich an einem stempelförmigen Abschnitt der Unterlippe, mit dem das Tier flüssige Nahrung auftupft. Über dieses «Saugkissen» gelangen aber auch Krankheitserreger in die Nahrung.

Was du unter der Lupe und im Mikroskop sehen kannst

Am besten lässt sich der dreiteilige Bauplan eines Insekts unter der Lupe untersuchen: Am Wespenkopf beispielsweise siehst du immer noch die recht kräftigen Oberkiefer, mit denen Wespen Holz zerkauen, um daraus ihre Papiernester zu bauen. Solltest du einen Bremsenkopf untersuchen, wirst du sehen können, dass alle drei Mundgliedmaßen einen kurzen Stechrüssel bilden. Unverkennbar ist auch das «Saugpolster» am Rüssel einer Stubenfliege. Falls du eine tote Mücke präpariert hast, wird dir der lange dünne Stechrüssel auffallen, der ebenfalls aus allen drei Mundwerkzeugen entstanden ist.

Tipps für weitere Fundorte

Speicher, Wäscheböden und trockene Kellerräume sind ebenfalls Fundorte für tote Insekten, wie etwa Schmetterlinge. Diese Tiere sind zu Beginn des Winters hier untergeschlüpft und dann gestorben. Hier findest du auch tote Gliederfüßer, wie beispielsweise Spinnen oder Asseln. Unter Teppichen, die länger nicht mehr ausgeklopft wurden, wirst du vielleicht auf zusammengerollte tote Tausendfüßer stoßen. Im Sommer kannst du tote Fliegen vom Fliegenfänger absammeln, während du in speziellen Mehlmotten- oder Küchenschabenfallen natürlich dann diese Insekten finden wirst. Und ein sehr guter Fundort für Insekten aller Art ist der Kühlergrill eines Autos (obwohl viele dieser «Unfallopfer» sicherlich beim Aufprall stark zerdrückt wurden). Nach toten Insekten kannst du auch am Fuß von Mauern suchen, die dicht an stark befahrenen Straßen stehen.

Im nächsten Abschnitt erfährst du etwas über den «Trampelpfad», der dich mit dem Schneiden von Präparaten vertraut macht.

Schneiden

In diesem Abschnitt wird gezeigt, wie du dir ein spezielles Schneidegerät, das in der Mikroskopie oft verwendet wird, selbst bauen kannst. Anschließend wirst du Dünnschnitte von einem Tulpenstängel anfertigen, aber auch erfahren, was du sonst noch alles schneiden kannst.

Präparate schneiden – je dünner, desto besser

Zellen von Tieren und Pflanzen kann man nur im Durchlicht betrachten. Um etwas erkennen zu können, müssen wir unsere Objekte in hauchdünne Scheiben schneiden. Wenn du schon einmal versucht hast, Käse, Wurst oder Brot in dünne Scheiben zu schneiden, wirst du wissen, dass das nicht so einfach ist und am besten mit einer Brotschneidemaschine klappt. Solche Schneidemaschinen wurden auch speziell für die Mikroskopie entwickelt und werden als Mikrotome bezeichnet (von altgriechisch *mikros* für «klein» und *tomao* für «ich schneide»).

Die einfachsten Schneidegeräte sind die Handmikrotome, bei denen die Schnitte von Hand mit einer Rasierklinge angefertigt werden. (Ein solches Handmikrotom wirst du dir auch basteln.) Die optimale Schnittdicke eines Präparats liegt bei 1 tausendstel Millimeter (= 1 Mikrometer); diese erzielt man, indem das Präparat nach einem ersten «Grobschnitt» an einer fest stehenden Klinge per Schraube oder Hebelautomatik minimal vorgeschoben und dann erneut über die Klinge gezogen wird. Auf diese Weise entstehen ganze Serien von Schnittpräparaten. Solche Hebel- oder Drehmikrotome sind sehr teuer, arbeiten dafür aber auch sehr präzise.

Mit unserem Eigenbau-Mikrotom kannst du für den Einstieg ein relativ leichtes Präparat schneiden, nämlich den Stängel einer Tulpe.

Nicht nur Tulpen aus Amsterdam

Mit ihren wohlgeformten sechs Blütenblättern gehört die Tulpe wahrscheinlich zu den bekanntesten heimischen Gartenblumen. Gerade an Tulpen kannst du dir die typische Gestalt der einkeimblättrigen Pflanzen (wissenschaftlich *Monokotyledonen*) gut einprägen. Blütenpflanzen werden nämlich in zwei große Gruppen unterteilt. Die eine ist diejenige der Monokotyledonen, die andere diejenige der zweikeimblättrigen Pflanzen (oder *Dikotyledonen*). Sie unterscheiden sich in der Gestalt des Keims, der, wie der Name schon verrät, mal nur ein Keimblatt, mal zwei Keimblätter ausbildet. Weitere äußerliche Unterschiede bestehen in der Blütenform und Blattäderung. Besonders deutlich treten die Gegensätze aber an mikroskopischen Schnittpräparaten hervor.

Im Querschnitt des Tulpenstängels sieht man an der Anordnung der Leitbündel im Stängelinneren, dass es sich hier um eine einkeimblättrige Pflanze handelt. Leitbündel transportieren Wasser und Nährstoffe innerhalb des Stängels, und sie sind hier gleichmäßig über das ganze Innere verteilt. Im typischen Stängelquerschnitt einer zweikeimblättrigen Pflanze – z. B. der Butterblume, auch Scharfer Hahnenfuß genannt – würdest du hingegen sehen, dass diese Gefäße in einem regelmäßigen Kreis um einen zentralen Hohlraum (Mark) herum gruppiert sind.

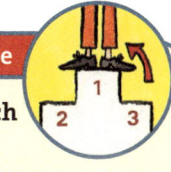

Zahlen & Rekorde

Das Guinnessbuch der Pflanzen

Bei den einkeimblättrigen Pflanzen gibt es viele Rekordhalter: Die Titanenwurz, wissenschaftlich *Amorphothallus titanum*, aus der Familie der Aronstabgewächse ist mit einer Höhe von bis zu 3 Metern eine der größten Blütenpflanzen der Welt. Sie wächst in der Natur ausschließlich in den Regenwäldern der indonesischen Insel Sumatra. Auch unter den Gräsern, die zu den Einkeimblättrigen gehören, finden sich hochwüchsige Vertreter wie Bambus (mit 40 Metern) oder Zuckerrohr, das «nur» 6 Meter hoch werden kann.

Die weltweit größten Blüten trägt die tropische Riesenrafflesie, ebenfalls aus Indonesien. Allerdings zählt sie zu den zweikeimblättrigen Pflanzen. Ihre bis zu 1 Meter großen und 6 Kilogramm schweren Blüten sondern einen strengen Aasgeruch ab, der Heere von Fliegen anzieht.

Steckbrief

**Gesucht:
Die Tulpe**

Name: *Tulipa gesneriana*

Fundort: Im Frühling als beliebte Zierpflanze in Gärten und Parks. Ursprünglich stammt sie aus dem trockenen Grasland (Steppen) Kleinasiens und Südeuropas.

Besondere Kennzeichen: Bis zu 60 cm große Zwiebelpflanze mit einem Blütenstiel, der ein bis zwei breit-lineale bis lanzettliche Blätter trägt. Am Stängelende sitzt meist nur eine große, bunte, unverwechselbare Blüte, die aus je drei Kelch- und drei Kronblättern besteht, die aber stets gleich geformt sind. Je nach Sorte können Tulpenblüten rot, gelb, weiß oder lila sein. Oft sind sie gestreift oder zweifarbig, gekräuselt oder haben gefüllte Blüten. Die Blütezeit dauert von März bis Mai.

Wo finde ich das Material?

Die beste Saison für Tulpen ist bei uns ab Mitte Februar bis etwa Ende Mai. Dann bekommst du sie auf Wochenmärkten oder beim Blumenhändler. Wenn deine Eltern einen Garten besitzen, kannst du sie auch dort pflücken. In der übrigen Jahreszeit wirst du in Blumenläden zwar auch Tulpen kaufen können, sie werden jedoch aus anderen Teilen der Welt eingeflogen und sind dann entsprechend teuer.

So baut man ein Mikrotom

1 kleines würfelförmiges Holzbauklötzchen (Kantenlänge 5 cm), 1 dünne Plastikscheibe (mindestens 8 cm Durchmesser), eine 5 Millimeter dicke Schraube mit passender Mutter, 2-Komponenten-Kleber, dünner Filzstift, 1 flaches, dünnes Holzplättchen (ca. 7–8 cm lang), 1 Möhre, feines Styropor, 1 Messer, mehrere einschneidige Rasierklingen (aus dem Bastelgeschäft), Paketklebeband, 1 weicher Pinsel, 1 wassergefüllte Untertasse, Objektträger, Deckgläschen, 1 Pinzette

1. Mit Zwei-Komponenten-Kleber klebst du die Plastikscheibe auf das Klötzchen. Lass es einen Tag lang trocknen.
2. Bitte deinen Vater oder einen anderen Erwachsenen, durch die angeklebte Scheibe mit der Bohrmaschine ein Loch in den Holzblock hineinzubohren, das den gleichen Durchmesser wie die Schraube besitzt, also 5 mm. (Noch einfacher wäre es, hierfür anstelle des durchbohrten Klötzchens eine Garnrolle aus

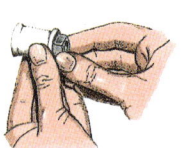
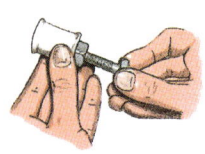

Holz zu verwenden. Leider werden solche Rollen heute nicht mehr verwendet.)

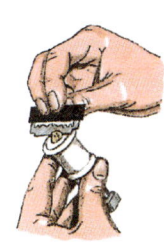

3. Nun brauchst du eine feste Markierung: Zeichne dazu auf der Holzseite mit Filzstift zwei Linien von jeder Würfelecke diagonal zur anderen, sodass ein × entsteht. Mit zwei weiteren Linien halbierst du die dabei entstandenen Dreiecke. Insgesamt erhältst du so acht gleiche Markierungsstriche, die du im Uhrzeigersinn von 1 bis 8 beschriftest.

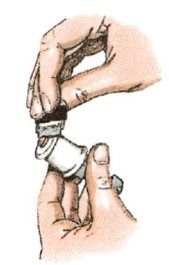

4. Klebe die Mutter mit Zwei-Komponenten-Kleber auf die markierte Seite des Klötzchens und probiere aus, ob sich die Schraube mühelos hineindrehen lässt.
5. Als Nächstes fertigst du einen Drehgriff an: Dazu schneidest du nun das verbliebene Holzplättchen auf die Breite des Schraubenkopfs zurecht und klebst es mittig auf.
6. Drehe die Schraube in den Holzblock, bis das blanke Ende aus dem Loch in der Plastikscheibe herausschaut. Dann drehe die Schraube wieder so weit zurück, bis sie fast aus dem Klötzchen fällt.

7. Schneide die Möhre der Länge nach auf und zerteile sie längs in mehrere schmale, keilförmige Schnitze, die du später zum Fixieren des Stängels brauchst. Anstelle der Möhre kannst du auch feines Styropor verwenden.
8. Führe jetzt den Tulpenstängel in das Klötzchen ein und klemme ihn mit den Möhrenkeilen fest, bis er nicht mehr verrutschen kann. Der Stängel schaut oben aus dem Loch in der Plastikscheibe heraus. Der Griff steht parallel zur ersten Markierung.

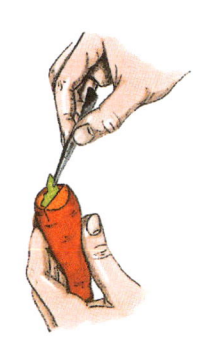

9. Falls du keine einschneidige Rasierklinge hast, bastelst du dir eine: Klebe eine der beiden Schnittseiten einer Klinge mit zwei Streifen Klebeband übereinander ab.
10. Fülle nun die Untertasse mit Wasser und lege dir die Rasierklinge, einen Pinsel und Objektträger zurecht.

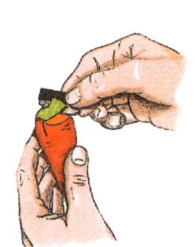

11. Halte die Rasierklinge möglichst flach seitlich an den Stängel und schneide ein dickes Stück ab, damit eine saubere Schnitt-

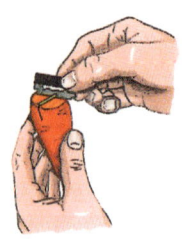

fläche entsteht. Vorsicht, du kannst dich leicht schneiden, obwohl die Plastikscheibe einen gewissen Schutz bietet.

12. Träufele etwas Wasser auf die Schnittfläche. Anschließend setzt du die Klinge am Rand auf der Schnittfläche an. Unter leichtem Druck ziehst du die Klinge seitlich zum Körper hin.
13. Das abgeschnittene Stängelstück streifst du mit dem Pinsel ins Wasser.
14. Drehe den Griff, bis er parallel zur zweiten Markierung steht. Das Stängelpräparat wird nun ein winziges Stück aus dem Bohrloch ragen. Fertige auf diese Weise einen zweiten Schnitt an. Danach drehst du den Griff immer um eine Markierung weiter, bis genügend Schnittpräparate in der Untertasse schwimmen. Wie dick diese werden, hängt von der Gewindebreite der Schraube und vom Abstand der Markierungen ab. Achte darauf, dass Schnittfläche und Klinge immer benetzt sind.
15. Wenn du die Schnitte unter dem Mikroskop betrachten willst, brauchst du nur ein Scheibchen auf einen Objektträger in einen Tropfen Wasser zu überführen und mit einem Deckgläschen abzudecken. Fertig!

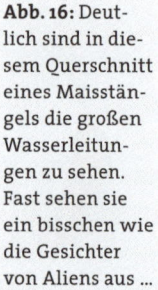

Abb. 16: Deutlich sind in diesem Querschnitt eines Maisstängels die großen Wasserleitungen zu sehen. Fast sehen sie ein bisschen wie die Gesichter von Aliens aus …

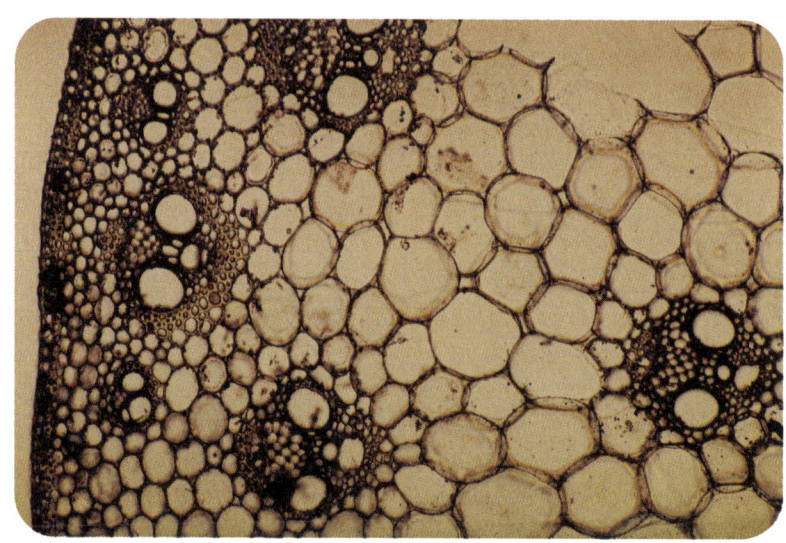

Was du unter der Lupe und im Mikroskop sehen kannst

Mit etwas Glück erkennst du, dass jedes der Leitbündel im Querschnitt aus größeren und kleineren Öffnungen besteht. Bei den größeren handelt es sich um Querschnitte durch die Röhren des Xylems. Bei den kleineren um Phloemquerschnitte, jene Leitbereiche, die für den Zuckertransport zuständig sind. Jedes Leitbündel im Tulpenstängel ist so gebaut, dass sich Xylem- und Phloembereiche immer gegenüberliegen.

Im Grunde genommen kannst du alle möglichen Pflanzenstängel schneiden. Besonders gut klappt dies jedoch mit solchen, die kaum verholzt sind, beispielsweise denen von Narzissen oder Mais. Außerdem gibt es einen Trick: Wenn du Nelken oder Butterblumen ein paar Tage in einem Gemisch aus Alkohol (Brennspiritus) und Wasser einlegst, werden die Stängel weicher und lassen sich mit deinem Handmikrotom gut schneiden.

Doch nun kommt Farbe ins Spiel: Bei manchen Präparaten kann man ohne Anfärben nichts oder kaum etwas erkennen. Daher wollen wir uns im nächsten Abschnitt mit Färbemethoden in der Mikroskopie vertraut machen.

> **Nachgefragt**
>
> **Wie versorgen sich Bäume mit Wasser und Nährstoffen?**
>
> Auch im Innern eines Baumstamms befinden sich Leitbündel, über die Wasser und Nährstoffe (Mineralien), die im Wurzelbereich aufgenommen wurden, in die Baumspitze gelangen. Umgekehrt werden Reservestoffe von den Blättern hinab zu den Wurzeln transportiert. Die Leitungsbahnen gliedern sich in das so genannte *Xylem* und das *Phloem*: Der Wassertransport erfolgt ausschließlich über die Gefäße des Xylems, während spezielle Siebröhren im Phloem nur für den Transport von Zucker zuständig sind.

> **Nachgefragt**
>
> **Was bedeutet eigentlich Frischpräparat?**
>
> Biologische Präparate müssen unbedingt feucht gehalten werden, da sie sonst austrocknen, sich zusammenziehen und so ihre Strukturen völlig verlieren. Wenn Objekte nur einmal betrachtet werden sollen, stellt man ein so genanntes Nass- oder Frischpräparat her. Dazu gibt man einen Tropfen Wasser auf einen frischen Objektträger, legt das Präparat hinein und bedeckt alles mit einem Deckgläschen. Das überschüssige Wasser wird seitlich verdrängt und kann mit Filterpapier abgesaugt werden. Im Präparat sollten keine Luftblasen sein. Vorhandene entfernt man, indem man noch einen Tropfen neben das Deckglas setzt und die Bläschen mit Filterpapier auf der anderen Seite absaugt.

Färben

Im Gegensatz zu den grün-gelben Zwiebelzellen wirst du viele Dinge unter dem Lichtmikroskop nur schwer sehen können, da sie von Natur aus farblos sind. Erst durch Anfärben treten Strukturen und Einzelheiten zutage. Auf der folgenden Expedition in die Tiefen der Mundhöhle wollen wir aus Zellen der Mundschleimhaut ein Abstrichpräparat anfertigen und dieses dann färben.

Verschiedene Färbemethoden

Bei manchen Mikroskopierkästen werden Farbstoffe wie **Karminrot** mitgeliefert. Dieser Farbstoff, der früher vorwiegend aus winzigen Cochenille-Schildläusen gewonnen wurde, dient zur Rosafärbung von Eiweißstoffen (Proteinen). Weitere Farbstoffe sind **Eosin**, das insbesondere das leicht basische Zellplasma (Zytoplasma) rosa färbt, und **Fuchsinsäure**, die eine rot-bräunliche Färbung, vor allem des Zellkerns, bewirkt. Mit **Methylenblau** lassen sich Kerne (mit ihren darin enthaltenen Nukleinsäuren) sehr gut blau färben, während sich **Jodlösung** vor allem zum Färben von Kohlenhydraten eignet: Jod färbt Stärke blau und Glykogen, einen Kohlenhydrat-Speicherstoff in Tierzellen, hingegen rot.

Die einfachste Färbemethode besteht darin, ein Objekt in eine verdünnte Farblösung zu tauchen und überschüssige Farbe anschließend mit Wasser auszuspülen. Am besten eignen sich hierfür feste Objekte, wie etwa die Zwiebelhaut, die du im Abschnitt «Erste Funde» präpariert hast. Durch Färben mit Fuchsin würdest du hier deutlich zwischen hellrosa Zellplasma (Zytoplasma) mit den etwas dunkler rosa gefärbten Kernen sowie den weiterhin farblosen Vakuolen und Zellwänden unterscheiden können. In diesem Beispiel wird die Zwiebelepidermis 3 Minuten in ein Gefäß mit Fuchsinlösung gelegt, mit der Pinzette herausgefischt und sofort mit klarem Wasser gespült. Das gefärbte Objekt kannst du nun zu einem Frischpräparat verarbeiten.

Schnittpräparate würden bei dieser Eintauchmethode allerdings zerstört werden. Daher werden in solchen Fällen die Schnitte auf dem Objektträger angefärbt. Dazu setzt man einen Tropfen Farblösung direkt neben das Deckgläschen und hält ein Stück Krepppapier an die andere Seite. Die Farbe wird nun unter dem Glas durch- und überschüssige Farbe abgesaugt. Da einige Zellbestandteile nur mit bestimmten Farbstoffen reagieren, müssen Präparate mitunter auch mehrmals nacheinander gefärbt werden, damit man bestimmte Kontraste erzielt. So kann man mit Hilfe der gerade beschriebenen «Durchsaugfärbung» etwa einen Blattquerschnitt zunächst mit Jod- und in einem zweiten Färbeschritt mit Karminlösung färben. Auf diese Weise sind im Präparat später sowohl blaue Stärkekörner als auch rosa Zellkerne zu sehen.

Auch Tierzellpräparate müssen gefärbt werden, da sie in der Regel farblos sind. Hierbei nutzen die Wissenschaftler die besonderen Eigenschaften von Tierzellen, um sie farbig mikroskopieren zu können.

Zahlen & Rekorde

Rieseneier – die größten Tierzellen

Da eine Eizelle ja stets eine einzige Zelle darstellt, sind «Eier» folglich auch die größten tierischen Zellen. Mit 30 Zentimetern Durchmesser stehen die Eier des Walhais, einer für den Menschen harmlosen, Plankton fressenden Haiart, an erster Stelle. Ein Straußenei hingegen wird nur bis zu 20 Zentimeter groß, wiegt dafür aber bis zu 1,5 Kilogramm. Unter den Insekten sind die Eier der Malayischen Gespinstheuschrecke mit einem Durchmesser von 13 Millimetern ebenfalls beachtlich groß.

Steckbrief

**Gesucht:
Die Cochenille-Schildlaus**

Name: *Dactylopius coccus,* auch bekannt als Opuntienschildlaus.

Fundort: Besiedelt eine mexikanische Kaktusart (Cochenillekaktus), wird heute zusammen mit diesem Kaktus auch in Indien, Nord- und Südafrika, auf den Kanaren, Malta, Madeira sowie in Spanien und Südfrankreich gezüchtet.

Besondere Kennzeichen: Winzige Schildlaus, die bereits vor der Entdeckung Amerikas durch Kolumbus von den Azteken zum Färben von Kleidung gesammelt wurde. Die abgesammelten Schildläuse wurden kurz in heißes Wasser geworfen und dann getrocknet: So stellte man den Farbstoff Karmin her. Durch gezieltes Mischen von Karmin und Indigo können Färber Textilien in verschiedenen Farbtönen von Blau bis Rot einfärben.

Zellen von Menschen und Tieren

Tierpräparate hast du bereits im Kapitel «Fixieren und Einbetten» kennen gelernt. Tierzellen unterscheiden sich von den Pflanzenzellen dadurch, dass sie keine Zellwand besitzen. Daher sind sie wesentlich empfindlicher als Pflanzenzellen, und als mikroskopische Schnittpräparate müssen sie auf sehr komplizierte Weise fixiert, gefärbt und vorbehandelt werden. Wer als Anfänger leicht zu präparierende tierische Zellen untersuchen will, kann sich entweder einen Blutstropfen oder Zellen der Mundschleimhaut ansehen. Zwar sind komplizierter gebaute Zellen, wie etwa hoch spezialisierte Nervenzellen, sicherlich interessanter. Die Präparation ist jedoch für Anfänger ohne technische Ausrüstung praktisch unmöglich.

Wenn du einen Blutstropfen untersuchst, wirst du seine groben Bestandteile leicht finden. Man unterscheidet weiße und rote Blutkörperchen (medizinisch als *Leuko-* und *Erythrozyten* bezeichnet). Leukozyten sind Teil des Immunsystems deines Körpers, während die Erythrozyten die anderen Zellen des Körpers mit Sauerstoff versorgen. Die kleinen Blutplättchen *(Thrombozyten),* die bei der Gerinnung des Blutes eine wichtige Rolle spielen, wirst du allerdings nicht sehen – sie sind einfach zu klein.

Wo finde ich das Material?

Menschliche Zellen sind nicht so einfach zu bekommen. Am leichtesten ist es, wenn du mit einem Holzspatel (ein gesäuberter Eisstiel tut es auch) oder dem Stiel eines Plastiklöffels kräftig über die Innenseite deiner Wange schabst. Noch besser klappt es, wenn du mit einem Zahnstocher schräg über die Zunge schabst. (Mach dies aber am besten vor dem Spiegel.) Dabei lösen sich einzelne Zellen der Mundschleimhaut von Wange bzw. Zunge ab. Tupfe sie vorsichtig auf einen Objektträger, nimm einen zweiten Objektträger und streife mit seiner Kante so über das Zellmaterial, dass es sich gleichmäßig auf dem Glas verteilt. Diese Form des Präparats bezeichnet man als **Abstrich**.

Solltest du dich einmal geschnitten haben, besteht eine andere Möglichkeit, ein Präparat aus menschlichen Zellen herzustellen: Gib einen Tropfen Blut auf einen Objektträger und stelle auf die gleiche Weise wie bei den Mundschleimhautzellen einen Abstrich her.

> **Berühmte Leute**
>
> **Die Begründer der «Zellentheorie der Organismen»**
>
> Zwei deutsche Biologen erkannten, dass sowohl Tiere wie auch Pflanzen generell aus Zellen aufgebaut sind. Die erste Theorie stellte **Matthias Jacob Schleiden** (1804 bis 1881), Botanikprofessor aus Jena, im Jahre 1838 für Pflanzenzellen auf. Der deutsche Zoologe **Theodor Schwann** (1810 bis 1882), Anatomieprofessor in Löwen und Lüttich, erweiterte im Folgejahr Schleidens Erkenntnisse auf den Bereich der Tierkunde und hielt sie in einer allgemeinen Zellentheorie fest.

Abb. 17: Mit dieser Methode lässt sich Wasser oder Färbelösung unter ein Deckgläschen saugen.

Ausrüstung und Versuch

1 Zahnstocher (bzw. Holzspatel oder Löffel), 2 Objektträger, Deckgläschen, Methylenblau- und Eosinlösung, 1 Marmeladenglas, destilliertes Wasser oder demineralisiertes Wasser (vielleicht benutzt deine Mutter dieses Wasser im Dampfbügeleisen), 1 Wasserbad, Spatel, Pipette

1. Nachdem du einen Abstrich angefertigt hast (siehe S. 53), lässt du dein Präparat an der Luft trocknen. Wedele mit dem Objektträger dazu hin und her.
2. Zur Herstellung der Eosin-Methylenblau-Lösung mischst du beide Farblösungen zu gleichen Teilen in einem sauberen Marmeladenglas und verdünnst das Gemisch mit der gleichen Menge destilliertem Wasser (also beispielsweise 10 Milliliter Eosin plus 10 Milliliter Methylenblau plus 20 Milliliter destilliertes Wasser). Erhitze alles etwa eine Viertelstunde in einem Wasserbad (ein Topf mit kochendem Wasser, den du dann

Abb. 18: In diesem mit Eosin-Methylenblau gefärbten Blutausstrich erkennst du die violetten Kerne der weißen Blutkörperchen. Rote Blutkörperchen haben keine Kerne und sind daher nur rosa gefärbt.

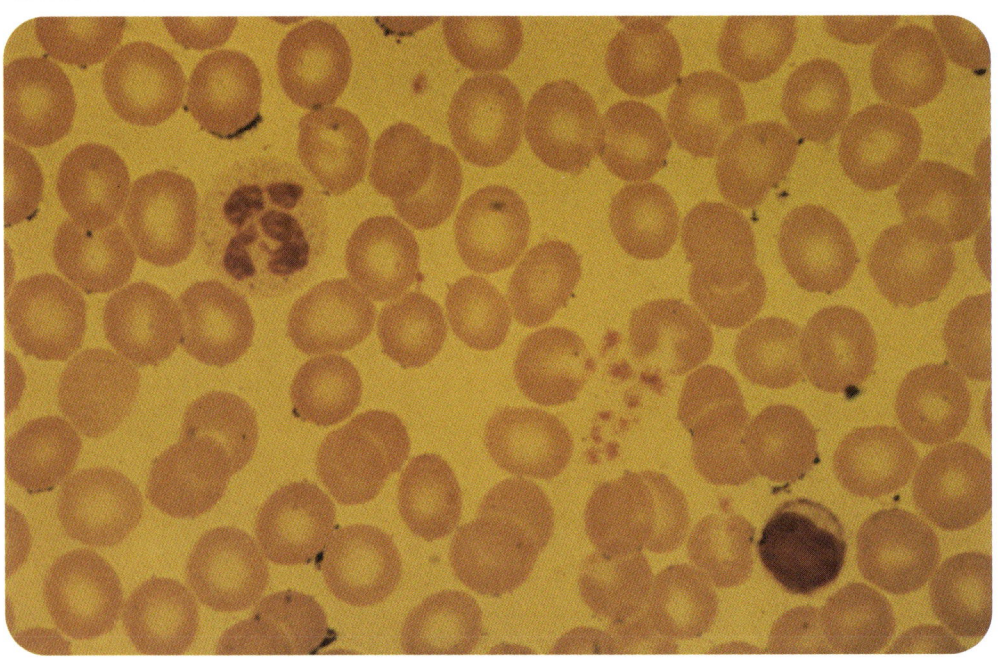

vom Herd nimmst). Anschließend erkalten lassen.
3. Träufele einige Tropfen der Farblösung auf dein Präparat und lass es fünf bis zehn Minuten stehen. Mit Wasser abspülen.
4. Bedecke das Präparat mit einem frischen Deckgläschen und lege es unters Mikroskop.

Was du unter der Lupe und im Mikroskop sehen kannst

In den Ausstrichpräparaten von Mundschleimhautzellen erkennst du bei stärkerer Vergrößerung die dunkelblauen Zellkerne. Das Zytoplasma ist hingegen rosa gefärbt. Unter Umständen wirst du auch auf Nahrungsreste stoßen. Diese dürften ebenfalls rosafarben sein.

Tipps für weitere Fundorte

Die Zellen der Mundschleimhaut lassen sich gut präparieren. Wenn sich aber doch einmal die Gelegenheit ergibt, an Blut zu gelangen – sei es, dass du Nasenbluten hast oder dich in den Finger stichst, dass du ein blutiges Stück Fleisch von einem frisch geschlachteten Huhn bekommen kannst –, nutze die Gelegenheit, um Blutabstriche zu machen und sie dir unter dem Mikroskop anzuschauen. Ein Tipp nebenbei: Die roten Blutkörperchen von Vögeln haben übrigens einen Zellkern, den du bei entsprechend geeigneter Färbung auch erkennen kannst. Versuche auch einmal, ein paar Leberzellen von einer frischen Schweineleber abzukratzen und als Frischpräparat anzuschauen. Es lohnt sich.

> **Nachgefragt**
>
> **Woher kommen Farbstoffe?**
>
> Vor der Erfindung künstlicher Farbstoffe gegen Ende des 19. Jahrhunderts wurden Färbemittel aus Tieren und Pflanzen gewonnen. Ein Sekret der Purpurschnecke liefert beispielsweise einen violetten Farbstoff, der schon seit der Antike bekannt ist und so kostbar war, dass mit ihm nur die Kleider von Kaisern und Königen gefärbt werden durften. Pflanzliche Farbstoffe wurden aus Färberwaid und dem Färberindigo gewonnen. Dieses so genannte Indigoblau ist der Farbstoff für Blue Jeans. Eine besondere Tinte wird aus den Gallen von Eichenblättern hergestellt. Mit dieser so genannten Eichengallustinte unterzeichnen Politiker heute wichtige Staatsverträge.

> **Zahlen & Rekorde**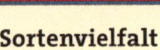
>
> **Sortenvielfalt**
>
> In Nordamerika baut man heute etwa 300 Kartoffelsorten an, was nur einem Zehntel der Sorten entspricht, die die Indianer früher kannten: Im Südamerika der Inkas wurden 3000 Sorten angepflanzt. Zu den bedeutendsten Kohlenhydratquellen, von denen sich die meisten Menschen auf der Welt ernähren, zählt aber weniger die Kartoffel, sondern vielmehr Reis, Mais und Weizen.

Wie du bei der Mundschleimhaut gesehen hast, ist es nützlich zu wissen, wie man Präparate färbt, um Feinheiten oder Unterschiede in den Zellen erkennen zu können. Auf deiner nächsten Wanderung durch den Mikrokosmos wirst du weitere Tricks zur Orientierung auf den verschlungenen Dschungelpfaden erfahren.

Stille Reserven

In Pflanzenzellen wirst du neben der Zellwand, der Vakuole und dem Zellkern auch eingeschlossenen körnigen, tropfenförmigen oder kristallartigen Strukturen begegnen. Dabei handelt es sich um Reserve- oder Speicherstoffe der Pflanzen. Wie du vielleicht aus dem Biologieunterricht weißt, gewinnen Pflanzen die Energie für ihr Wachstum als Selbstversorger: Während eines komplizierten Vorganges, den man **Photosynthese** nennt, «bauen» sie aus Kohlendioxid und Wasser mit Hilfe des Sonnenlichtes Kohlenhydrate (meist Traubenzucker). Dabei entsteht der für uns lebenswichtige Sauerstoff.

Die Zuckermoleküle werden in den meisten Pflanzen zu Einfachzucker, später dann zu Stärke umgebaut und in Form von Körnern gespeichert. Je nach Pflanzenart sind diese rund, eiförmig, mehreckig oder sogar hantelförmig: Bananen haben z. B. große, längliche Stärkekörner, beim Weizen und bei der Kartoffel sind diese eher rundlich.

Andere Pflanzen hingegen speichern Eiweißstoffe, während sehr viele Arten auch Fette und Öle speichern – dazu gehören Nüsse, Oliven oder Sonnenblumenkerne.

Chemische Beweisführung – der Stärkenachweis

Wie kann man nun Stärkekörner beispielsweise von Eiweißeinschlüssen unterscheiden? Beide sind im Lichtmikroskop mehr oder weniger farblos. Hier hilft dir ein alter Mikroskopiertrick: Wir träufeln etwas Jodlösung auf das Präparat, und die Stärke wird blau. Das Beste ist: Das klappt nur bei Stärke!

Wo finde ich das Material?

Frage deine Mutter, ob du dir ein oder zwei Kartoffeln aus dem Keller oder Vorrat nehmen kannst. Natürlich bekommst du auch Knollen auf dem Wochenmarkt, im Supermarkt (Gemüsetheke) oder vielleicht auch im Herbst auf einem frisch abgeernteten Kartoffelacker. Wenn keine frischen Kartoffeln zur Hand sind, kannst du auch Mondamin oder Wäschestärke nehmen, die ebenfalls aus Kartoffelstärke bestehen.

Steckbrief

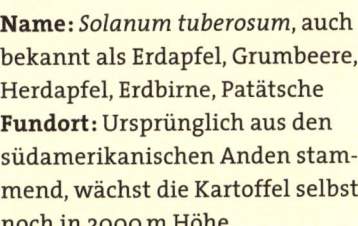

Gesucht: Die Kartoffel

Name: *Solanum tuberosum*, auch bekannt als Erdapfel, Grumbeere, Herdapfel, Erdbirne, Patätsche

Fundort: Ursprünglich aus den südamerikanischen Anden stammend, wächst die Kartoffel selbst noch in 2000 m Höhe.

Besondere Kennzeichen: Krautiges Nachtschattengewächs, bis 1 Meter hoch, mit unpaarig gefiederten Blättern sowie weißen bis blauvioletten Blüten mit gelben Staubbeuteln (Juni bis August). Die unterirdischen Knollen (August bis September) sind gelb-grünlich. Sie entstehen durch Verdickung von unterirdischen Stängeln. Die eigentlichen, oberirdischen Früchte sehen aus wie winzige grüne Tomaten und sind giftig. Das Aussehen ist kein Zufall, denn Kartoffel und Tomate sind Verwandte.

Ausrüstung für deine Mikroskopier-Expedition

Küchenmesser, Jodlösung (aus der Apotheke), Wasser, 1 kleines Marmeladenglas, 1 Pipette, Küchenkrepp oder Löschpapier, Objektträger, Deckgläschen

1. Schneide eine frische Kartoffel der Länge nach durch und kratze mit dem Küchenmesser etwas Zellmaterial von der Schnittfläche ab.
2. Setze einen Tropfen Wasser auf den Objektträger, gib den

Färben

Kartoffelsaft hinein und setze ein Deckglas darauf. Überschüssige Flüssigkeit saugst du mit dem Krepp- oder Löschpapier ab. Mache dasselbe mit einem zweiten Objektträger.

3. Mische im Marmeladenglas 4 Teile Wasser mit 1 Teil Jodlösung, z. B. 20 Tropfen Wasser und 5 Tropfen Jod (du kannst die verdünnte Jodlösung für andere Versuche aufbewahren).
4. Setze einen Tropfen Jodverdünnung auf dem ersten Präparat neben das Deckglas und halte das Krepppapier auf der anderen Seite so an den Rand, dass der Tropfen durchgesaugt wird. Auf den zweiten Objektträger gibst du keine Jodlösung.

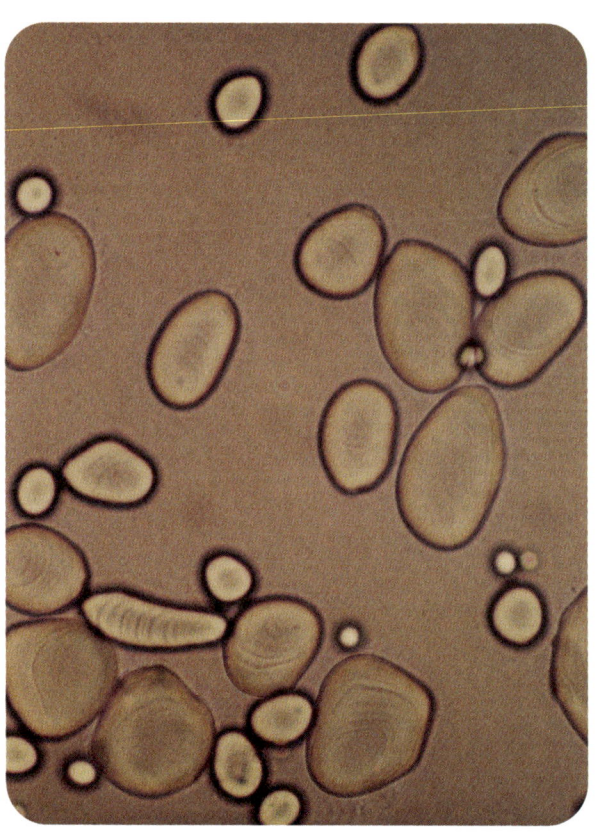

Abb. 19: Die einzelnen Schichten der Reserve-Stärkekörner der Kartoffel werden in speziellen Plastiden, den so genannten *Amyloplasten*, aufgebaut.

Geschlämmt, geklatscht, geschnitten

Totalpräparate

Toll! Jetzt hast du deine ersten Expeditionen in den Mikrokosmos hinter dich gebracht: Du weißt jetzt mit Mikroskop und Lupe umzugehen, hast erste Präparate angefertigt, eingebettet, geschnitten und gefärbt. Fühlst du dich fit, einige Exkursionen für Fortgeschrittene zu machen? Beispielsweise, um die Pollenkörner von Sonnenblumen, Lilien oder Amaryllis zu betrachten? Oder zu sehen, wie blau gefärbte Hefezellen oder grüne Chloroplasten in einem Präparat hin und her wuseln?

Chloroplasten und Plasmaströmung

Wie du aus dem letzten Abschnitt über den «Stärkenachweis» weißt, befinden sich im Inneren von Pflanzen so genannte *Amyloplasten*, die Stärke und Reservestoffe enthalten. Neben den Amyloplasten gibt es noch andere Zellorganellen, die in ihrer Gesamtheit biologisch *Plastiden* genannt werden. Plastiden kommen mit und ohne Farbe vor. Besonders wichtig sind die grün gefärbten Plastiden, die das so genannte Blattgrün oder *Chlorophyll* enthalten. Sie heißen daher auch *Chloroplasten*. In ihnen findet die bereits erwähnte Photosynthese statt, eine Reaktionskette, bei der die Pflanze aus Sonnenlicht, Kohlendioxid und Wasser Reservestoffe sowie Sauerstoff bildet und auf diese Weise ihren eigenen Energiebedarf deckt.

Um Sonnenstrahlen optimal zu nutzen, können Chloroplasten je nach Strahlungsdichte wandern. Interessanterweise findet man

Steckbrief

**Gesucht:
Die Kanadische Wasserpest**

Name: *Elodea canadensis*

Fundort: Ursprünglich aus Nordamerika, heute in klaren, kühlen Seen und Fließgewässern in Europa, Asien und Australien. Häufige Aquarienpflanze.

Besondere Kennzeichen: Mittel- bis dunkelgrüne Wasserpflanze mit bis zu 1 cm langen, linearen, stumpfen Blättern, die quirlständig zu dritt oder fünft um den Stängel angeordnet sind. 1836 wurde die Kanadische Wasserpest erstmals in Europa gefunden, angeblich handelt es sich bei den heimischen Exemplaren um Nachkommen von Pflanzen, die Mitte des 19. Jahrhunderts aus dem Berliner Botanischen Garten «ausgebrochen» sind. Da *E. canadensis* weibliche und männliche Pflanzen ausbildet, bei uns aber nur weibliche Pflanzen wachsen, können sich diese nur auf ungeschlechtliche Weise vermehrt haben.

in pflanzlichen Zellen oft eine Strömung innerhalb des Zytoplasmas, die mal gerichtet, mal ungerichtet ist. Durch diese werden die Chloroplasten und manchmal sogar der Zellkern aktiv mitgeschleppt. Diese Strömung wird auch durch Verletzung oder durch bestimmte Chemikalien ausgelöst.

Sehr schön kannst du die Plasmaströmung bei frischen Blättern der Wasserpest beobachten. Wenn du die Blättchen als Ganzes auf den Objektträger legst, hast du ein so genanntes Totalpräparat hergestellt. Nun kommt es nur noch auf das Auflösungsvermögen deines Mikroskops oder der Lupe an, da die Wasserpest eine gut durchstrahlbare Pflanze ist.

Wo finde ich das Material?

Da die Wasserpest eine sehr beliebte Aquarienpflanze ist, dürftest du sie in jeder Zoohandlung kaufen können. In der freien Natur wächst sie in kühlen, nicht zu rasch fließenden Bächen oder in Seen mit schwacher Strömung. Temperaturen über 22 °C verträgt sie auf Dauer nicht. Daher solltest du sie nicht in Gefäßen aufbewahren, die in der Sonne oder in der Nähe der Heizung stehen. Die Pflanze wird unter solchen Bedingungen zunehmend schwächer.

Flottes Zytoplasma

Die Geschwindigkeit, mit der das Plasma der Wasserpest durch die Blattzellen strömt, ist gemessen worden: Sie betrug 15,4 Mikrometer pro Sekunde – das ist etwa doppelt so schnell wie die Geschwindigkeit des Plasmas in den Epidermiszellen von Zwiebeln (siehe Abschnitt «Erste Funde»), aber nur halb so flott wie die Plasmageschwindigkeit in den Zellen der haarfeinen Glanzleuchteralge (*Nitella flexilis*).

> **Zahlen & Rekorde**
>
> **Große Chloroplasten**
>
> Mit etwa 5 Mikrometern entsprechen die Chloroplasten der Wasserpest der Durchschnittsgröße. Es gibt auch Pflanzen mit wesentlich größeren Plastiden. So können die Chloroplasten von Runkelrübe und Sternmiere, einer Wildblume der heimischen Mischwälder, bis zu 10 Mikrometer und somit fast doppelt so groß werden.

Ausrüstung für deine Mikroskopier-Expedition

Objektträger, Präpariernadel, Deckgläschen, Schere, 1 Pinzette

1. Zupfe mehrere Blättchen von einer Wasserpestpflanze und lege sie als Frischpräparat auf einen Objektträger.
2. Ziehe mit Nadel und Pinzette die Blättchen so auseinander, dass sie nicht übereinander liegen. Deckgläschen drauf und unters Mikroskop legen!
3. Suche dir mit kleinem Objektiv eine Stelle in der Nähe der Mittelrippe des Blattes. Wähle nun eine stärkere Vergrößerung.

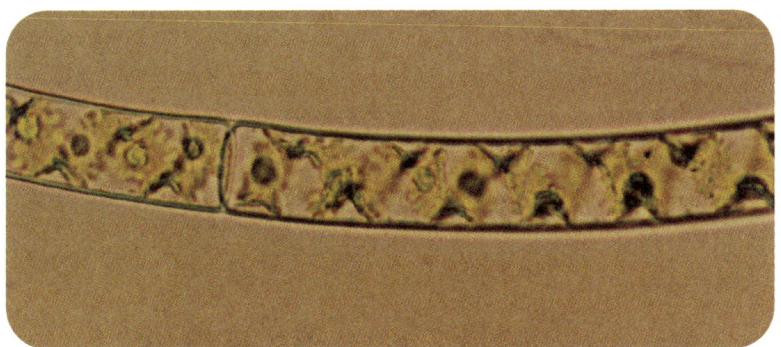

Abb. 20: Die Schraubenalge *Spirogyra*, die in Süßwasserteichen große Algenwatten («Algenblüten») bilden kann, besitzt sehr ungewöhnliche, bandförmige Chloroplasten.

Berühmte Leute

Die Entdecker der Photosynthese

Viele Wissenschaftler trugen dazu bei, den Prozess der Photosynthese aufzuklären: Der Engländer **Hales** (1677 bis 1761) erkannte, dass grüne Pflanzen Luft und Licht zum Überleben benötigen, während sein Landsmann **Priestley** (1733 bis 1804) herausfand, dass sie auch Sauerstoff freisetzen. Dass auch Kohlendioxid hierbei eine Rolle spielt, erkannten der Franzose **Senebier** (1742 bis 1809) und der Niederländer **Ingenhousz** (1730 bis 1799). Untersuchungen über den Einfluss der Sonnenstrahlen führte **Engelmann** (1843 bis 1909) an Grünalgen durch, während der Botaniker **von Sachs** (1832 bis 1897) die Beteiligung des Chlorophylls an diesem Prozess nachgewiesen hat.

Was du unter der Lupe und im Mikroskop sehen kannst

Durch die Verletzungen bei der Präparation – schließlich musstest du die Blättchen abzupfen – hast du die Plasmaströmung ausgelöst. Am besten wartest du, wenn das Präparat fertig ist, noch einige Minuten, bis eine kräftige Strömung entstanden ist. Auch Licht und Temperaturerhöhung können die Geschwindigkeit des Flusses steigern.

Das Plasma strömt langsam und gleichmäßig, seine Geschwindigkeit kannst du an den Chloroplasten (Plastiden) erkennen, die wie Geröllkiesel in einem Wildwasserbach umhergeschoben werden. Vielleicht kannst du ja auch einen größeren Zellkern entdecken?

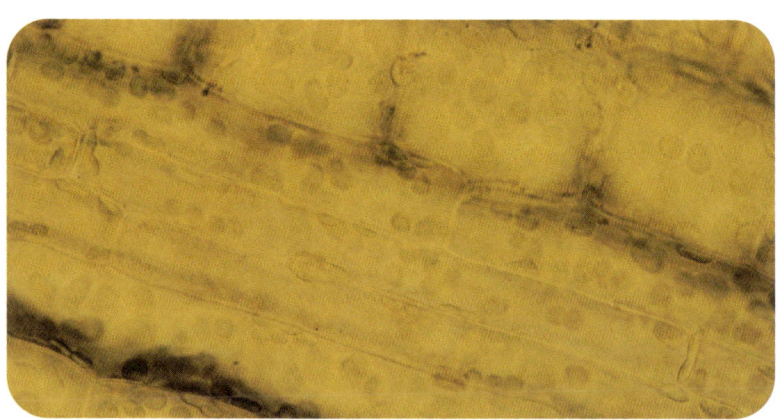

Abb. 21: Die Chloroplasten von *Elodea*, die an der Zellwand entlangwandern, werden von der Plasmaströmung mitgeschleppt; sie wandern nicht aktiv zum Licht hin.

Pflanzenflüchtlinge und Einwanderer

Dass Tiere und Pflanzen, wie im Falle der Wasserpest, aus anderen Kontinenten importiert werden und dann verwildern, ist in der Kulturgeschichte keine Seltenheit – und hat oft fatale Folgen. Denn da die natürlichen Feinde aus dem alten Ökosystem fehlen, können sich die Neubürger hemmungslos verbreiten und viele heimische Arten verdrängen oder ausrotten. Auf der Inselwelt der Südsee haben beispielsweise Hunde und Schweine (die dort ausgesetzt wurden), aber auch Ratten und Schlangen, die als blinde Passagiere mit den Schiffen der Europäer hierher gelangten, einen Großteil der heimischen Vogelwelt ausgelöscht.

> **Nachgefragt**
>
> **Woher hat die «Wasserpest» ihren Namen?**
>
> Der deutsche Name von *Elodea canadensis* ist auf ihr anfänglich massenhaftes Auftreten zurückzuführen. Wasservögel und Schiffsschrauben sorgen immer wieder dafür, dass Teile der Pflanzen losgerissen werden und anderswo wieder Fuß fassen können. Aberglaube ist jedoch, dass die Wasserpest alle sieben Jahre weiterwandert.

Abb. 22: Auch der bizarre Tintenfischpilz, der ursprünglich aus Australien stammt, gelangte wahrscheinlich in Viehfuttermitteln nach Europa.

Totalpräparate • 63

> **Berühmte Leute**
>
> **Botanische Gärten – aus Zierde wird Wissenschaft**
>
> Schon seit der Antike ließen sich hohe Würdenträger und reiche Personen große Gärten anlegen, um sich an schönen Pflanzen zu erfreuen. Überliefert sind beispielsweise die Hängenden Gärten der **Semiramis** in Babylon, ein terrassenartig angelegter Park, der zu den sieben Weltwundern der Antike zählt.
>
> Erst etwa ab der Renaissance wurden spezielle botanische Gärten gebaut, in denen seltene Pflanzen gesammelt, später dann auch untersucht wurden. Der Schweizer Naturforscher **Conrad Gesner** (1516 bis 1565) legte nicht nur den Botanischen Garten von Zürich an, sondern arbeitete auch an einem umfassenden Botanikbuch, das er aber nicht mehr vollenden konnte, da er an der Pest starb.

In Europa sind es oft Pflanzen, die aus Ziergärten und Parks auswildern und die heimische Flora verdrängen – bei uns sind das beispielsweise Japanischer Knöterich, Riesenbärenklau und Riesenspringkraut. Diese pflanzlichen Neubürger werden von den Botanikern als *Neophyten* bezeichnet.

Tipps für weitere Fundorte

Falls du keinen (sichtbaren) Erfolg bei diesem Experiment gehabt haben solltest, bei euch zu Hause jedoch ein Computer mit Internet-Zugang vorhanden ist, dann gehe einmal zu folgender Website, auf der du dir eine Animation der Plasmawanderung ansehen kannst. Die Web-Adresse lautet: http://www.cells.de/cellsger/medienarchiv/archiv/cd1elo.htm

Anstelle der Kanadischen Wasserpest kannst du auch Flächenschnitte von Blättern der Gewöhnlichen Wasserschraube *(Vallisneria spiralis)*, eines Froschbissgewächses, verwenden. Plasmaströme sind übrigens auch gut in den Wurzelhaaren von Kürbispflänzchen zu sehen.

Als Nächstes wollen wir Zellen betrachten, die wir vom Namen her eigentlich alle kennen – Hefezellen.

Aufschlämmungen

Manche dickflüssigen Präparate müssen erst verdünnt oder verflüssigt werden, damit man sie unter dem Mikroskop erkennen kann. Andere, wie beispielsweise Klärschlamm oder der Schlick der Nordseeküste, befinden sich in einem scheinbar festen, klumpigen Zustand, der sich jedoch schnell in Wasser auflösen lässt: Dabei entstehen trübe Flüssigkeiten, so genannte Aufschlämmungen. Diese können zu einem Ausstrich verarbeitet oder so weit verdünnt werden, dass man ihre einzelnen Bestandteile im Mikroskop erkennen kann.

Auf der folgenden Tour in den Mikrokosmos wollen wir aus fester Frischhefe eine Aufschlämmung herstellen, sie danach färben und mikroskopieren.

Pilze – unscheinbare, aber wichtige Mitglieder der Umwelt

Hefen sind ziemlich kleine Vertreter aus dem Reich der Pilze. Diese Gruppe von Lebewesen kann sich nicht wie die Pflanzen selbständig durch Photosynthese versorgen, sondern muss sich von totem Tier- und Pflanzenmaterial, aber auch von geschwächten lebenden Zellen ernähren. Pilze sind also als biologische Recycling-Unternehmen für den Abbau organischen Materials zuständig und erhalten so den Kreislauf der Natur aufrecht. Ähnlich wie die Bakterien zerlegen sie organische Stoffe in Ammoniak, Kohlendioxid und Wasser, wobei auch eine Reihe weiterer chemischer Substanzen entsteht.

Den überwiegenden Teil eines Pilzkörpers wirst du gar nicht sehen, da er sich bei den meisten höheren Arten als ein dichtes, unterirdisches Geflecht, das so genannte *Pilzmyzel*, unter der Erde befindet. Die einzelnen «Arme» dieses Geflechts werden als *Hyphen* bezeichnet. Hefen haben allerdings kein Myzel; sie sind einzellige Wesen und bilden höchstens manchmal kleine Ketten.

> **Zahlen & Rekorde**
>
> **Der größte Pilz der Welt**
>
> Im August 2000 entdeckten Waldarbeiter in der Nähe des Ortes Prairie City (in Nordamerika) das 880 Hektar große Myzel von *Armillaria ostoyae*, einer Pilzart, die mit dem heimischen Hallimasch verwandt ist. Somit handelt es sich bei diesem Mammutpilz um den wohl größten lebenden Organismus überhaupt. Um festzustellen, wie groß ein solches Pilzgeflecht werden kann, gibt es eine relativ einfache Methode. Da sich die Hyphen meist kreisförmig ausbreiten, stehen die Fruchtkörper in einem Ring angeordnet. Diesen Kreis bezeichnet man auch als «Hexenring». Wenn man also einen solchen Ring findet, kann man ungefähr die Kreisfläche abschätzen oder den Durchmesser des Kreises sogar berechnen.

Bei den meisten Pilzen erfolgt die Vermehrung über Sporen, die sich im so genannten Fruchtkörper bilden. Die «Pilze», die als Champignons, Pfifferlinge oder Steinpilze verkauft werden, sind also nur die oberirdischen Fruchtkörper des gesamten Pilzorganismus. (Siehe zum Thema Pilze auch den nächsten Abschnitt über die Herstellung von Abklatschpräparaten sowie «Schimmel GmbH & Co. KG – alles aus eigener Zucht».)

Nützliche Hefen

Der Tatsache, dass sich Hefepilze auf die Verdauung von Zucker spezialisiert haben, verdanken wir eine Reihe von Lebensmitteln und Getränken – Hefekuchen, Pizza, Brot, aber auch Wein, Bier und andere alkoholische Getränke wären ohne *Saccharomyces cerevisiae* nicht denkbar. Bei Hefeteig nutzt man das Kohlendioxid, das bei der Vergärung frei wird und den Teig «hebt» – daher kann Hefeteig beim «Gehen» so gewaltig an Umfang zunehmen. Speziell bei der Herstellung von Wein und Bier entsteht Alkohol, der bei der Gärung von der Bäckerhefe aus Zucker gebildet wird.

Wo finde ich das Material?

In Bäckereien und in den Kühltheken von Supermärkten gibt es Frischhefe in Würfeln. Trockenhefe ist für unsere Mikroskopierversuche allerdings nicht geeignet. Auch im trüben Bodensatz von

Weiß- oder Weizenbierflaschen befindet sich Hefe. Diese kannst du ebenfalls verwenden.

Ausrüstung für deine Mikroskopier-Expedition

1 kleines Marmeladenglas mit Schraubdeckel, Wasser, 1 Messerspitze Zucker, 1 Pipette, 1 Spatel, 1 Tintenpatrone (oder Methylenblau-Lösung), Objektträger, 1 Streichholz oder Zahnstocher, Deckgläschen, Filterpapier

1. Fülle das Marmeladenglas einen Fingerbreit hoch mit warmem Wasser und gib den Zucker hinein.
2. Schraube den Deckel zu und schüttele das Glas so lange, bis alles gelöst ist.
3. Brich den Hefewürfel auseinander, nimm mit dem Spatel eine Spitze von dem Würfel ab und gib diese in die Zuckerlösung.
4. Deckel zuschrauben und erneut schütteln, bis die Hefe gelöst ist und sich eine bräunlich graue Aufschlämmung *(Suspension)* gebildet hat.
5. Setze das geöffnete Glas für 30 Minuten zugfrei neben die Heizung, damit die Hefezellen beginnen können, den Zucker zu verdauen.
6. Gib anschließend einen Tropfen dieser Aufschlämmung auf einen Objektträger und setze einen Tropfen Tinte (oder Methylenblau) daneben.
7. Mische Lösung und Farbstoff mit dem unteren Ende eines Streichholzes auf dem Objektträger.
8. Lege ein Deckglas darüber und sauge die überschüssige Flüssigkeit mit dem Filterpapierstreifen ab. Dann ab unters Mikroskop.

Steckbrief

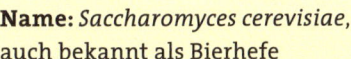

Gesucht:
Die Bäckerhefe

Name: *Saccharomyces cerevisiae*, auch bekannt als Bierhefe

Fundort: In zuckerhaltigen Substraten, die gären können.

Besondere Kennzeichen: Kleiner, einzelliger Pilz von rundlicher bis ovaler Gestalt, wird durchschnittlich 3–5 Mikrometer groß. Hefen vermehren sich durch Sprossung. Dabei können mehrere, in die Länge gezogene Hefezellen aneinander hängen. Der wissenschaftliche Name *Saccharomyces cerevisiae* bedeutet auf Deutsch «Bier-Zucker-Pilz» – die lauwarme Cerevisia, die Asterix, Obelix und die Gallier immer getrunken haben, war also nichts anderes als schlichtes Bier!

Nachgefragt

Warum gibt es Joghurt?

Milch enthält ebenfalls Zucker, der einer Reihe von Bakterien als Nahrung dient. Diese speziellen Milchsäurebakterien (z. B. Laktobazillen) verarbeiten den Milchzucker nach einem ähnlichen Prozess wie die Hefen den Zucker bei der alkoholischen Gärung. Allerdings entsteht bei dieser so genannten Milchsäuregärung kein Alkohol, sondern Milchsäure. Ohne Laktobazillen gäbe es weder Joghurt noch Sauerrahm, Kefir, Quark oder andere gesäuerte Lebensmittel aus Milch.

Was du unter der Lupe und im Mikroskop sehen kannst

Bei starker Vergrößerung siehst du zahlreiche bläuliche, kugelförmige Zellen durch das Bild treiben. Mitunter haben einige Zellen schon begonnen, das Zuckerangebot zu nutzen, und teilen sich nun durch Sprossung. Da sie dabei «Knospen» bilden, kannst du vielleicht sogar einige Hefezellen sehen, die wie aufgereihte Perlen aneinander hängen.

Tipps für weitere Fundorte

Nimm einmal anstelle von Frischhefe einen Becher «Bioghurt» (oder einen anderen Joghurt mit lebendigen Kulturen), um eine Aufschlämmung herzustellen. (Das «L» in der Produktbeschreibung auf Joghurtbechern steht für «Lactobacillus» – z. B. *L. bifidus*.) Verdünne eine Spatelspitze Joghurt mit

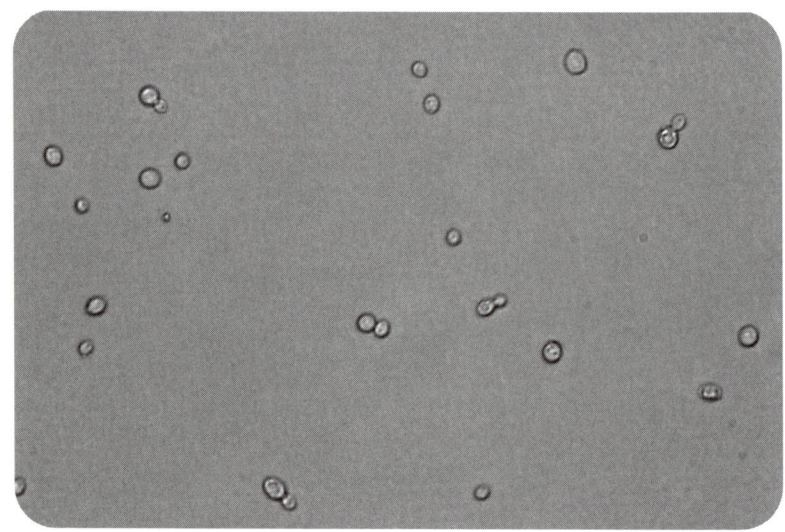

Abb. 23: Ohne die Färbung kann man die Details von Hefezellen nicht gut erkennen. Gut zu sehen sind aber bei 600facher Vergrößerung die Knospenstadien einiger Zellen.

2 Teelöffeln Wasser in einem Marmeladenglas, schüttele die Suspension gut, bis sich alles gelöst hat, und gib einen Tropfen auf den Objektträger. Nun kannst du etwas Tinte hinzugeben (Deckgläschen nicht vergessen!) und alles unterm Mikroskop betrachten. Bei starker Vergrößerung wirst du die stäbchenförmigen Laktobazillen erkennen, die sich von dem bläulichen Hintergrund abheben.

Nachdem du jetzt schon mit Schwung etwas Joghurt auf deinen Objektträger geklatscht hast, bringst du die besten Voraussetzungen für unsere nächste Expedition mit: Dort geht es darum, wie du Pflanzenpollen und Pilzsporen zu mikroskopischen Präparaten verarbeitest.

Nachgefragt

Krankheiten durch Hefen?

Hefen sind aber nicht nur nützlich, sondern können bei Menschen mit geschwächtem Immunsystem auch Krankheiten auslösen. Bekanntes Beispiel ist der so genannte Mund-Soor, der durch den Hefepilz *Candida albicans* ausgelöst wird. Dabei wird die Mundhöhle mit einem weißlichen Belag überzogen. *Candida-Pilze* können sich aber auch im Darm ansiedeln. Fuß- und Nagelpilzerkrankungen werden allerdings nicht durch Hefen, sondern durch andere Pilze verursacht.

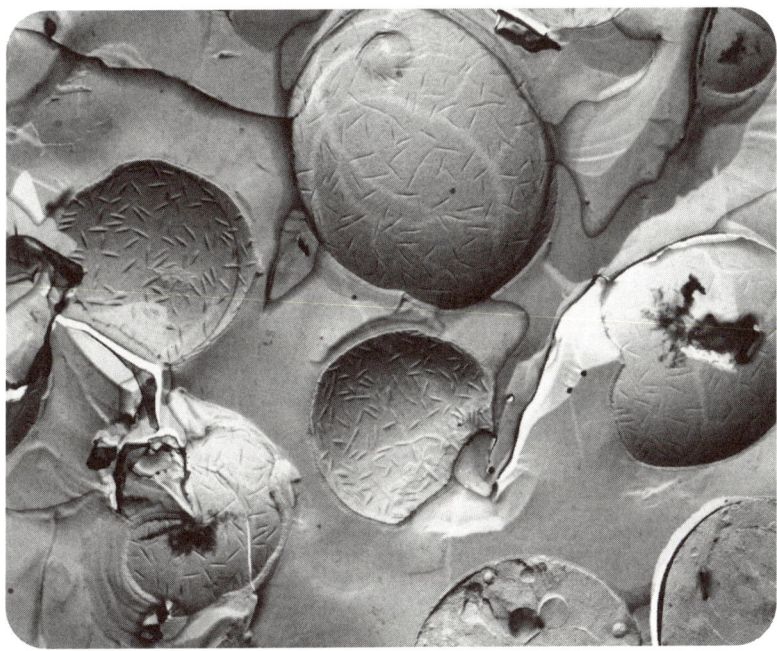

Abb. 24: Diese Aufnahme einer Hefezelle ist mit Hilfe eines Raster-Elektronenmikroskops im Anschluss an ein spezielles Schneideverfahren, den Gefrierbruch, entstanden. Auf diese Weise kann man Strukturen wie Zellkern und Wand sehr detailliert betrachten.

Abklatschpräparate

Abklatschpräparate sind sehr einfache Präparate, da man keine speziellen Werkzeuge und Chemikalien benötigt, um sie herzustellen. Man nimmt einfach eine Blüte, etwa von einer Rose oder einem Mohn, fasst sie am Stängel und klatscht sie auf einen Objektträger, sodass ihre Pollen auf die Glasoberfläche fallen können. Fertig.

Bei großen Blüten, Pilzhüten oder anderen Pflanzenteilen, die beispielsweise Sporen enthalten (z. B. Farne) kann man in abgewandelter Weise vorgehen: Die Blüte wird mit der offenen Seite nach unten auf einem Objektträger aufgestellt. Dann lässt man sie trocknen, sodass die Pollenkörner auf die Auffangfläche fallen können. Dies wollen wir auf der folgenden Expedition am Blütenstand einer Sonnenblume ausprobieren.

Pollenflug

Da Pflanzen und Pilze sich nicht vom Platz bewegen können, müssen sie zur Vermehrung Methoden entwickeln, zu einem Partner ihrer Art zu gelangen. Aber auch für die Ausbreitung ihrer Nachkommen muss gesorgt werden. Bei Pflanzen erfolgt die Partnerwahl (Bestäubung) über winzige Pollenkörner («Blütenstaub»), die entweder vom Wind verdriftet oder von Insekten und Vögeln übertragen werden. Der Pollen gelangt bei Blütenpflanzen auf den weiblichen Teil der Blüte, die so genannte Narbe. Speziell die Blütenpflanzen haben im Laufe ihrer Entwicklungsgeschichte – ihrer Evolution, wie der Biologe sagt – sehr komplizierte Methoden entwickelt, um sich von Insekten bestäuben zu lassen. Viele locken die Insekten mit ihrem Duft an und belohnen deren «Transportdienste» mit einem Teil des Pollens oder mit zuckerhaltigen Säften. Bei den Schmetterlingsblüten, wie dem Salbei, muss sich eine Biene oder Hummel, die die Blüte besucht, kopfüber in diese hineinzwängen, wobei eine Ladung Pollen auf sie herabfällt. Bei der nächsten Salbeiblüte gelangt dieser dann vom Rücken der Biene auf die Narbe. In den Tropen werden manche Blüten auch durch Kolibris und Fledermäuse bestäubt.

Moose und Farne vermehren sich über Sporen, die in speziellen Sporenkapseln gebildet werden. Bei Pilzen erfolgt die Vermehrung ebenfalls über Sporen, die meist vom Wind, aber auch durch Tiere verbreitet werden. Sie reifen oberirdisch in den Fruchtkörpern und gelangen von dort ins Freie; andere Pilze, wie Boviste und Stäublinge, platzen auf, um die reifen Sporen wegzusprengen.

Wie du selbst sehen wirst, sind Pollenkörner je nach ihrer Art anders gebaut. Da sie sich sehr lange halten, liefern fossile Pollenkörner bei der Erforschung der Ur- und Vorgeschichte nützliche Hinweise: Aufgrund der Zusammensetzung der verschiedenen Pollenkörner an einem Fundort können Wissenschaftler sagen, welche Pflanzen damals dort gewachsen sind.

Allerdings bereiten Pollen manchmal auch gesundheitliche Probleme, da sie, wenn sie massenhaft auftreten, bei vielen Menschen Allergien (z. B. Heuschnupfen) auslösen können.

> **Zahlen & Rekorde**
>
> **Riesensporen und Gigantenpollen**
>
> Wie hoch eine Pflanze wächst, hat offenbar nichts mit der Größe ihrer Pollen zu tun: So bringen Kürbis- und Melonenpflanzen ziemlich große Pollenkörner (200–240 Mikrometer) hervor. Tannenpollen wird hingegen nur halb so groß (90–110 Mikrometer), während das kleine Veilchen immerhin 63–70 Mikrometer große Pollenkörner bildet. Und die Pollenkörner der Sonnenblume werden nicht einmal 40 Mikrometer groß.

Wo finde ich das Material?

Je nach Saison besorgst du dir aus dem Garten oder im Blumenladen eine Sonnenblume, die du in der Vase verblühen lässt. Wenn der Stängel abzuknicken beginnt, nimmst du ihn aus der Vase, schneidest das Blütenköpfchen ab und legst es auf einen flachen Teller. Nun können die Pollenkörner aus den vertrocknenden Blüten herausfallen und werden auf dem Teller aufgefangen. Im Frühjahr eignen sich anstelle der Sonnenblume hierzu Amaryllis,

Steckbrief

**Gesucht:
Die Sonnenblume**

Name: *Helianthus annuus*

Fundort: Ursprünglich aus Mexiko und Nordamerika stammend, wurde die Sonnenblume schon 3000 v. Chr. als Kulturpflanze genutzt, später dann auch in westlichen Ländern zur Ölgewinnung angebaut.

Besondere Kennzeichen: Die einjährige Sonnenblume gehört zur Familie der Korbblütler, wissenschaftlich als *Compositae* oder *Asteraceae* bezeichnet. Sie kann bis zu 3 Meter, selten auch 5 Meter hoch werden. Unverkennbar sind die riesigen, tellerförmigen, gelben, rötlichen oder rotbraunen Blütenköpfe. Jeder setzt sich aus unzähligen Einzelblüten zusammen, die nach der Befruchtung je einen ölhaltigen Samen («Sonnenblumenkern») hervorbringen.

Tulpen oder Lilien, von denen du, sobald die Blumen in der Vase anfangen zu verblühen, die Pollen mit einem Pinsel von den Staubgefäßen abstreifen und auf einen Objektträger überführen kannst. Im Frühjahr fliegen Birken- und Kiefernpollen so zahlreich, dass sie manchmal dicke gelbe Beläge auf Pfützen und Fensterbänken bilden; diese lassen sich leicht mit einem Pinsel abtupfen und dann mikroskopieren.

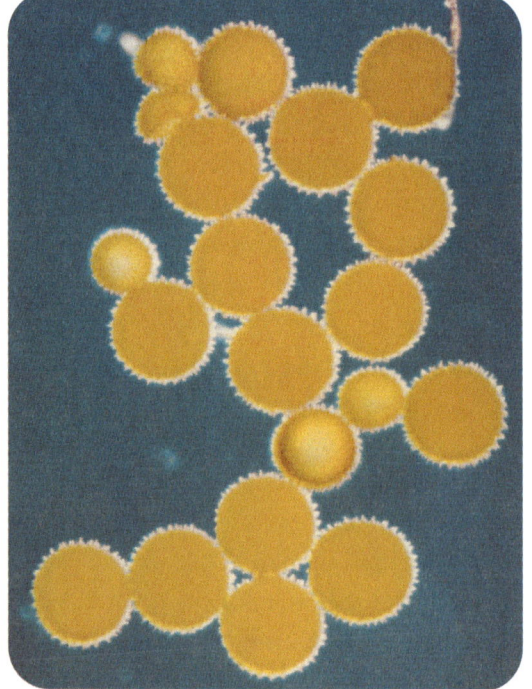

Abb. 25: Schon bei geringer Vergrößerung kannst du die kleinen «stacheligen» Pollenkörner der Sonnenblume gut erkennen.

Ausrüstung für deine Mikroskopier-Expedition

Objektträger, Deckgläschen, Pipette, Wasser, Öl

1. Stelle die abgeschnittene, verblühte Sonnenblume mit der offenen Seite nach unten auf einen Objektträger.
2. Lass die Blüte 1 bis 2 Tage trocknen, bis die Pollen herausfallen. Eventuell musst du leicht auf das Blütenköpfchen klopfen, damit der gelbe Blütenstaub rieselt.
3. Gib einen Tropfen Wasser auf den Staub, dann ein Deckgläschen, und ab unters Mikroskop.

Berühmte Leute

Ein stiller Entdecker

In einem Klostergarten machte der österreichische Mönch **Gregor Mendel** (1822 bis 1884) Ende des 19. Jahrhunderts Kreuzungsversuche an Erbsenpflanzen. Dazu übertrug er Pollen auf Sorten mit verschiedenfarbigen Blüten, ließ die dabei entstandenen Erbsen neu auskeimen und beobachtete, welche Blütenfarben sich dabei ergeben hatten. Auf diese Weise entdeckte er die Gesetze der Vererbungslehre (Genetik). Seine Ergebnisse wurden zwar in einer Zeitung veröffentlicht, fanden aber erst um 1903 Beachtung und wurden zur Grundlage aller modernen Züchtungen.

Abb. 26: Wie der Name schon vermuten lässt, eignen sich die weichen, roten Blüten des Klatschmohns hervorragend dazu, um Abklatschpräparate seiner Pollenkörner zu machen.

> **Nachgefragt**
>
> **Pflanzliche Schleudermaschinen**
>
> Zur Verbreitung ihrer Samen haben Springkräuter, wie beispielsweise das heimische «Rühr-mich-nicht-an», eine spezielle Kapselfrucht entwickelt, die bereits bei leichter Berührung aufreißt und den Samen explosionsartig in die Umgebung schleudert.

Was du unter der Lupe und im Mikroskop sehen kannst

Schon bei geringer Vergrößerung kann man die Pollenkörner gut erkennen. Sie haben die Form kleiner, stacheliger Kugeln. Wenn du einen Tropfen Öl anstelle des Wassers verwendest, kannst du sogar die noppige Oberfläche der Körner betrachten.

Tipps für weitere Fundorte

Pilzsporen kannst du besonders gut aus den «Kappen» von Waldpilzen, speziell Blätterpilzen, gewinnen, aber auch aus gekauften Champignons. Lege dazu einen abgeschnittenen Pilzhut, z. B. von einem kleinen Ritterling oder Milchling, auf einen Objektträger. Dann stülpst du eine kleine Schüssel oder eine Tasse darüber und lässt den Pilz zwei Tage lang stehen. Der Hut trocknet nun aus, seine Sporen fallen heraus und bleiben auf dem Objektträger liegen. Dies sind die dunklen Flecken, die du nach dem Abnehmen der Tasse erkennst. Je nach Art unterscheiden sich die Pilzsporen äußerlich natürlich ebenfalls.

Pollen kommt übrigens auch in jedem Honig vor. Löse einfach eine Messerspitze Honig (am besten kratzt du etwas von den stark eingezuckerten Resten am Gefäßrand ab) in etwas warmem Wasser auf und gib einen Tropfen dieser Aufschlämmung auf einen Objektträger. Wenn du bereits mehrere Arten von Pollenkörnern gesehen oder gezeichnet hast, kannst du auf diese Weise feststellen, um welche Sorte Honig es sich handelt.

Quetschpräparate

Um Quetschpräparate herzustellen, brauchst du keine großen Vorbereitungen, sondern im Prinzip nur zwei Objektträger. Allerdings musst du dabei ein bisschen vorsichtig sein, da das Glas leicht brechen kann. Nimm daher am besten weiches, nachgiebiges Zellmaterial, wie beispielsweise Fruchtfleisch.

Bunte Früchtchen

Hagebutten sind wie viele andere Früchte leuchtend rot und ziehen viele Vögel an. Wenn ein Vogel eine Hagebutte gefressen hat, verdaut sein Magen zwar das Fruchtfleisch, jedoch nicht die Kerne. Diese werden zusammen mit dem Kot ausgeschieden und können an anderer Stelle zu neuen Rosen auskeimen. Ähnliches passiert mit Kirschen, Waldbeeren, Vogelbeeren und vielen anderen Früchten. Auf diese Weise können die Pflanzen in andere Gebiete gelangen. Für Pflanzen hat es sich also als Vorteil erwiesen, schöne Früchte in leuchtenden Farben zu haben.

Das leuchtende Rot der Hagebutte entsteht durch Farbstoffe. Diese befinden sich in speziellen Plastiden, den *Chromoplasten* (siehe dazu auch den Abschnitt «Totalpräparate») – ähnlich wie das Chlorophyll. Andere Farbstoffe, wie etwa das Carotin, liegen zum Teil in Form von Kristallen frei in der Zelle vor. Carotinkristalle entstehen zwar auch in den Chromoplasten, mit der Zeit werden sie aber so groß, dass sie die Plastidenhülle sprengen und frei in der Zelle liegen. Carotin ist übrigens auch für die rote Färbung von Möhren (Karotten) verantwortlich. Die Rot- und Blaufärbung vieler Pflanzen erfolgt oft durch so genannte *Anthocyane*. Das sind wasserlösliche Farbstoffe, die in der Vakuole vorkommen. Anthocyane finden sich aber nicht nur in Früchten und Wurzeln, sondern auch in vielen Blüten und Blättern.

Steckbrief

**Gesucht:
Die Heckenrose**

Name: *Rosa canina*,
auch bekannt als Hundsrose

Fundort: In breiten Hecken, an Straßenrändern. In Deutschland und Mitteleuropa weit verbreitet.

Besondere Kennzeichen:
2–4 Meter hoher Busch mit stacheligen Zweigen und mattgrünen Blättern. Die kleinen Blüten sind meist hellrosa bis weißrosa und duften. Sie blühen ab Anfang Juni. Wenn die Blüte vorbei ist, erscheinen sehr viele ovale, leuchtend rote Hagebutten. Heckenrosen können Frost gut vertragen.

Wo finde ich das Material?

Viele Rosen, nicht nur die Heckenrose, bilden nach der Blüte Hagebutten. Daher wirst du diese reifen Früchte im Sommer überall in Gärten, Parks oder am Wegrand finden. Ernte am besten solche, die eine dünne, weiche Schale haben, da du dann weniger Arbeit beim Erstellen deines Präparates hast.

Ausrüstung und Versuch

*1 Küchenmesser oder Skalpell,
2 Objektträger, Deckgläschen, 1 Pinzette*

1. Lege die Hagebutte für 2–3 Stunden in die Tiefkühltruhe oder das Drei-Sterne-Fach eines Kühlschranks. Durch das Einfrieren werden die Zellen in der Hagebuttenhülle gesprengt, und das Material lässt sich dann leichter quetschen. Du kannst die Frucht eingefroren auch länger aufbewahren.
2. Lass die Hagebutten auftauen. Bei Früchten mit sehr dicker, harter Schale kannst du ein Stückchen von der Innenhaut mit dem Küchenmesser oder Skalpell abschneiden.
3. Lege ein Stückchen davon auf einen Objektträger.
4. Anschließend legst du den zweiten Objektträger darauf, wickle ein Staubtuch um beide und presse sie vorsichtig zusammen. Das Tuch schützt dich vor Verletzungen, falls das Glas doch mal brechen sollte, und verhindert außerdem Fingerabdrücke.
5. Nun klappst du die Objektträger auf, gibst einen Tropfen Wasser und ein Deckgläschen darauf. Dann kannst du dein fertiges Präparat unterm Mikroskop betrachten. Suche dir zunächst einmal eine dünne Stelle aus.

Was du unter der Lupe und im Mikroskop sehen kannst

Erkennbare Details kannst du erst bei starker Vergrößerung sehen. Wenn du eine junge Hagebutte genommen hast, wirst du nur Chromoplasten sehen, die rundlich bzw. oval sind. In älteren Hagebutten verändern sie ihre Gestalt und sehen eher wie Spindeln aus.

Tipps für weitere Fundorte

Als weitere Quetschobjekte bieten sich Kirschen und Erdbeeren sowie das Fruchtfleisch von Tomaten an. Auch kannst du Möhren oder Paprika mit einem Messer fein abschaben und die Schnipsel zwischen zwei Objektträgern zerquetschen.

> **Nachgefragt**
>
> **Vielseitig verwendbar**
>
> Hagebutten werden nicht nur gerne von Vögeln und Kleintieren gefressen, sondern auch von vielen Menschen geschätzt. Sie sind außerdem sehr gesund: 100 Gramm Hagebutten enthalten 60-mal so viel Vitamin C wie die gleiche Menge Äpfel oder Orangen. Das Fruchtfleisch wird daher gerne zu Marmelade und Gelee verarbeitet. Oder es wird getrocknet als Hagebuttentee getrunken. Und für Fieslinge ganz zum Schluss: Die filzigen Kerne (Nüsschen) in ihrem Innern ergeben ein tolles «Juckpulver».

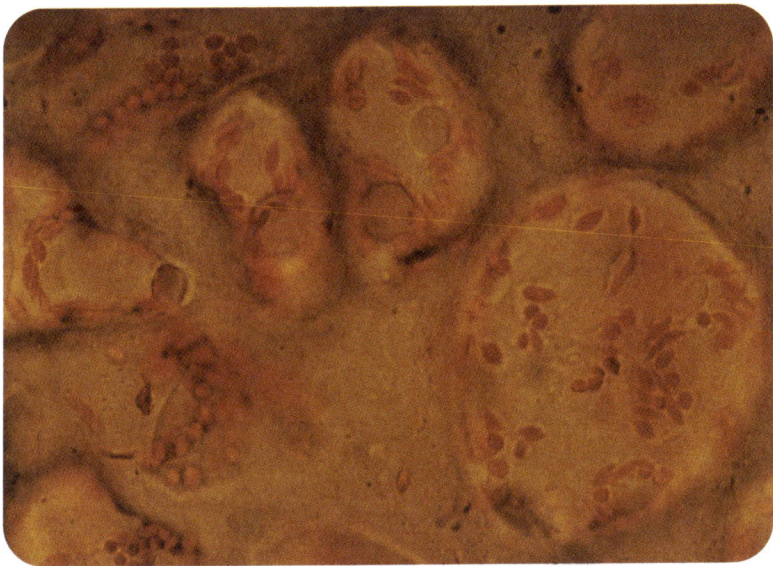

Abb. 27: In Quetschpräparaten aus Hagebuttenfleisch können die Chromoplasten mal rundlich, mal oval sein. In älteren Hagebutten werden sie zunehmend spindelförmig.

Falls du bei deinen Untersuchungen keinen rechten Erfolg hattest (was wahrscheinlich an dem schlechten Auflösungsvermögen deines Mikroskops liegt), kannst du dir per Computer und Internet einen guten Einblick verschaffen. Unter folgender Web-Adresse: http://www.cells.de/cellsger/medienarchiv/indexmedien.htm wirst du über die vielen Möglichkeiten der Form und Farbe bei Chromoplasten informiert.

Das leuchtende, satte Rot eines Rotkohls oder das zarte Hellblau einer Hortensienblüte kommt auf andere Weise zustande. Was genau dahinter steckt, erfährst du auf der nächsten großen Etappe unserer Exkursion.

Forschungsreisen für Fortgeschrittene

Im Ausbildungscamp für Jungforscher hast du erste Erfahrungen mit deinem Mikroskop und deiner Ausrüstung gemacht. Nun, im zweiten großen Abschnitt des Buches, wird dir verraten, wo du bestimmte Präparate und Objekte finden kannst. Die Ziele und Ausflugsorte sind gar nicht weit entfernt. Vieles findest du bereits bei dir im Zimmer, im Garten oder auf dem Schulweg: ein Salzstreuer, ein Kamm oder ein Blumentopf können dir Material liefern, das sich unter dem Mikroskop in wunderbare Kristalle, Geflechte oder bizarre Lebewesen verwandelt. Außerdem lernst du noch ein paar Tricks fürs Mikroskopieren, etwa wie du eine zappelnde Mückenlarve bändigst. Oder winzige Moosbewohner aus ihrem Versteck lockst. Und wie ein richtiger Forscher wirst du auch kleine Versuche durchführen. Beispielsweise, indem du Kulturen züchtest oder Einzeller aus ihrem Ruhestadium zum Leben erweckst. Klingt spannend, oder?

Plasmolyse und Osmose – Fachchinesisch der Biologen

Bei diesem interessanten Versuch treffen wir auf alte Bekannte, die du zu Beginn der Expeditionen kennen gelernt hast – die Zellen der Häutchen von Küchenzwiebeln, allerdings von roten Sorten. Deren Farbstoff spielt auf deiner nächsten Expedition eine wichtige Rolle.

Nachgefragt

Was bedeutet eigentlich Osmose?

Osmose ist eine Kraft, die den Unterschied zwischen einer dicken und einer dünnen Stoffkonzentration, die voneinander durch eine dünne Haut *(Membran)* getrennt sind, auszugleichen versucht. Wichtig ist, dass diese Membran für Wasserteilchen durchlässig ist, für größere Teilchen (z. B. Zucker) jedoch nicht. Der osmotische Ausgleich passiert, indem Flüssigkeit von der einen Seite zur anderen fließt – und zwar immer von der schwächer konzentrierten zur höher konzentrierten Seite.

Die Osmose ist beispielsweise dafür verantwortlich, dass Süßkirschen im Sommer nach einem Regenfall plötzlich platzen. Im Innern der Kirsche ist der Saft zuckerhaltig, auf der Außenseite aber, im Regentropfen, völlig ohne Zucker. Was passiert, kannst du dir denken: Das Regenwasser strömt durch die Haut der Kirsche nach innen, da die Osmose den Kirschsaft verdünnen will. Die Frucht schwillt immer weiter an und platzt schließlich – der innere Wasserdruck (der so genannte osmotische Druck) auf die Kirschhaut ist einfach zu groß geworden.

Wenn Pflanzen rot anlaufen

Wie du im Abschnitt «Quetschpräparate» gesehen hast, sind bestimmte Plastiden und ihre Farbstoffe für die Farben von Pflanzen verantwortlich (z. B. das Carotin für das Orangerot der Möhrenwurzel). Die Rot- und Blaufärbung vieler Pflanzen beruht oft auch auf so genannten *Anthocyanen* – das sind wasserlösliche Farbstoffe, die in der Vakuole von Pflanzenzellen vorkommen. Anthocyane treten genauso in Früchten, Blüten und Blättern auf – und auch in den Epidermiszellen der roten Zwiebel.

Wie du mittlerweile weißt, haben Pflanzenzellen eine starre Zellwand aus Zellulose. Im Innern befindet sich das von einer Membran umgebene Zellplasma, in dem die Vakuole den größten Raum einnimmt. Dadurch entsteht eine Art Plasmaschlauch, der Protoplast, der sich an die Innenseite der Zellwand schmiegt (ähnlich wie ein Abfallbeutel im Mülleimer). In der Vakuole sind bestimmte Stoffe wie Zucker oder Farbstoffe gelöst. Da die Hülle der Vakuole (die Vakuolenmembran) nur für Wasser durchlässig ist, kann ihr Inhalt nicht heraus. Wenn also Wasser aus der Vakuole herausfließt und diese schrumpft, wird sich der Plasmaschlauch zusammenziehen und von der Zellwand lösen. Allerdings fällt er nie völlig wie ein Luftballon zusammen, da er an bestimmten Stellen über die so genannten Hecht'schen Fäden mit der Zellwand verbunden ist.

Schnippel-Gimmick:
Das Mikroskopier-Set

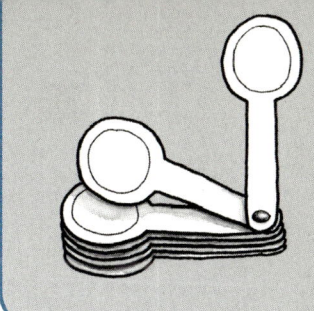

Und so geht's:

1. Alle Bastelseiten an der Schnittlinie aus dem Buch heraustrennen.
2. Alle Lupen an der gestrichelten schwarzen Linie ausschneiden.
3. Die schwarzweißen Lupen auf dieser Rückseite sind Kopiervorlagen für deine eigenen Zeichnungen. Also: vor dem Ausschneiden ein paar Mal kopieren!
4. In alle Lupenstiele Löcher machen. Dafür das Stück Styropor unterlegen und mit der Schere ein Loch piksen.
5. Nun die Lupen genau übereinander legen und mit der Musterklammer die Stiele verbinden.
6. Fertig ist das jederzeit erweiterbare praktische Lupen-Set für daheim und unterwegs!

Dazu brauchst du:
- spitze Schere
- Musterklammer
- 1 Stück Styropor

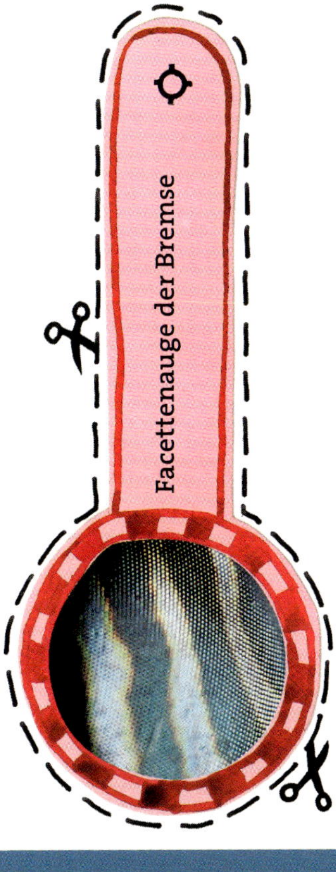

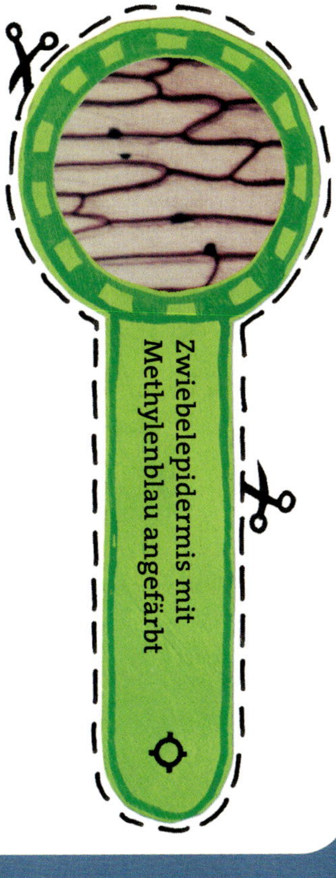

- Blutausstrich mit Eosin-Methylenblau gefärbt
- Facettenauge der Bremse
- Zwiebelepidermis mit Methylenblau angefärbt

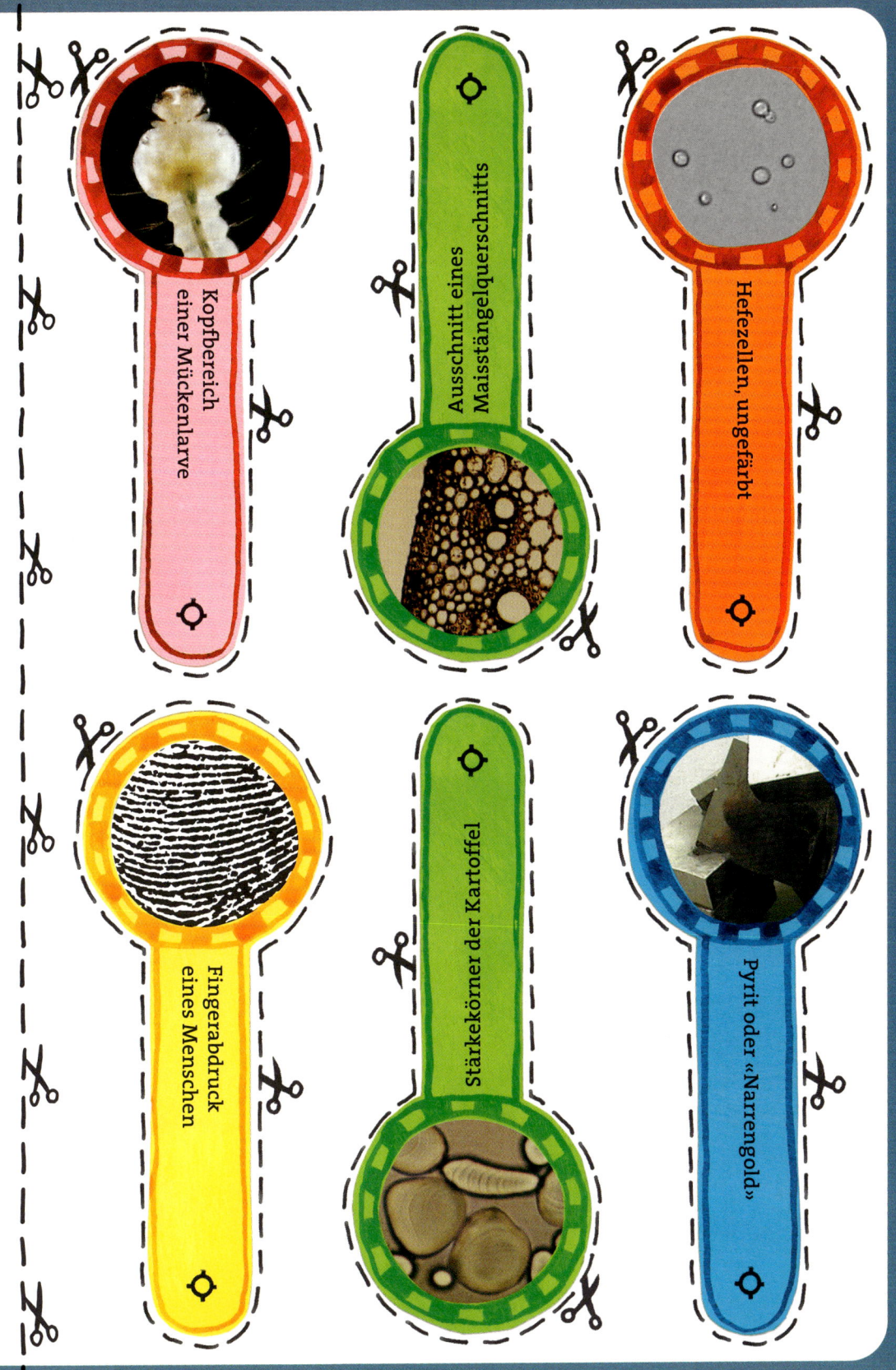

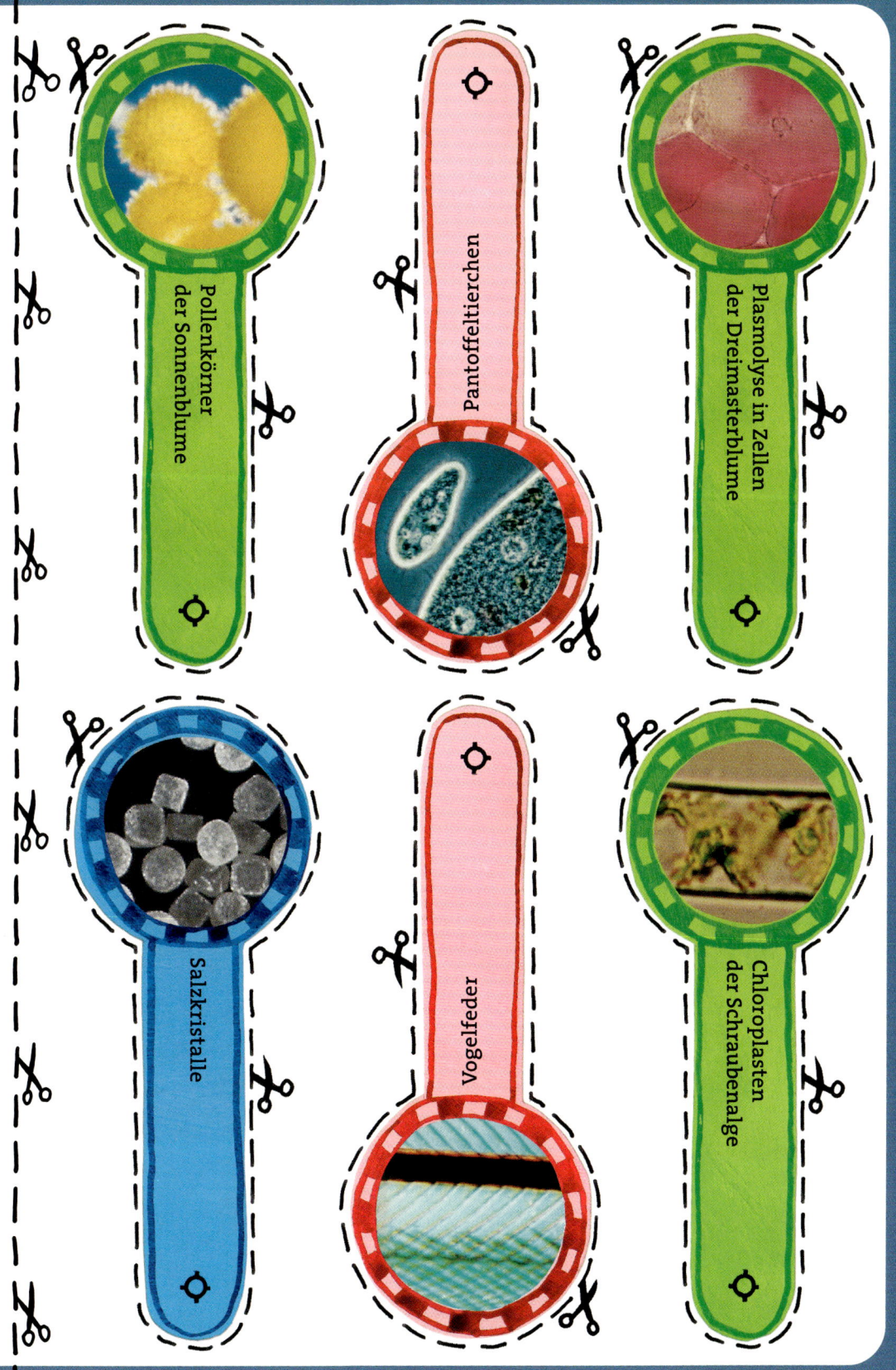

Der Mikroskopierbogen

Das Objekt
Was habe ich gefunden? – Stammt das Objekt von einer Pflanze oder von einem Pilz, von einem Tier oder von einem Menschen? Oder ist es vielleicht gar nicht belebt, sondern es handelt sich um einen Kristall oder ein Mineral? Da du dir vielleicht noch nicht ganz sicher bist, brauchst du bei den Kästchen ganz oben das entsprechende Bild der Gruppe erst nach der Untersuchung anzukreuzen (z. B. die Blume, wenn dein Objekt zu den Pflanzen gehört). Später helfen dir die Bildkästchen, deine Arbeitsblätter leichter nach Gruppen zu sortieren oder sie wieder zu finden.

_____
_____
_____
_____

Fundort oder Herkunft
Wo habe ich meine Objekte gefunden? – Zum Beispiel am Straßenrand, auf einer Wiese im Park, auf dem Komposthaufen im Garten oder unter einem Stein im Bach?
Oder lag mein Objekt unter dem Wohnzimmersessel, im Blumenkasten oder in einer Küchenschublade? Schreibe so viele Einzelheiten wie möglich zum Fundort oder zur Herkunft auf. Sie können dir später helfen, dein Objekt zu identifizieren – ähnlich wie Indizien am Tatort einem Detektiv helfen, ein Verbrechen zu lösen.

_____
_____
_____
_____

Fundzeit
An welchem Tag habe ich das Objekt gefunden (schreibe das Datum auf)? War es an einem warmen Frühlingstag oder im kalten Winter? Hat es geregnet oder war es trocken? Auch diese genauen Angaben sind nützlich, wenn du herausbekommen willst, um was für ein Objekt es sich bei deinem Fund handelt.

Datum:
_____

weitere Details:
_____

Name des Finders
Schreibe auf, wer das Objekt gefunden hat, damit du weißt, an wen du dich später wenden kannst, wenn weitere Fragen auftauchen. Trage hier auch ein, wenn du selbst der Finder bist.

_____

Vom Objekt zum Präparat
Hier kannst du aufschreiben, wie groß dein Objekt ist und bei welcher Vergrößerung du es zeichnen willst. (Schreibe dazu die Vergrößerung auf Objektiv und Okular auf und multipliziere beide Zahlen miteinander.) Du solltest auch festhalten, wie du dein Objekt präpariert hast, ob und wie es gefärbt ist oder ob es sich um ein Dauerpräparat handelt.

Vergrößerung: _____ fach

Größe: _____

Präpariert: _____ Ja _____ Nein

Färbung: _____

Zeichnung

Auf dieser Seite ist genügend Platz, um deinen Fund beziehungsweise dein Präparat zu zeichnen:
- Zeichne zuerst, was du mit bloßem Auge erkennen kannst.
- Zeichne dann, was du beim Blick durchs Mikroskop siehst. Du kannst dafür auch die Blanko-Lupen verwenden und deine Beobachtungen in die freien Felder malen. An die Beschriftung auf den Lupengriffen denken!

Das Ablösen des Plasmas und die entsprechende Schrumpfung des Zellschlauchs bezeichnet man als *Plasmolyse* – und zwar nur dann, wenn die Pflanzenzelle in ein höher konzentriertes *(hypotonisches)* Medium gegeben wird. Konzentration bedeutet hier, wie viele Teilchen in einer bestimmten Menge Flüssigkeit gelöst sind. Hoch konzentriert heißt also viele gelöste Teilchen, während niedrig konzentrierte Medien wenige Teilchen enthalten. Treibende Kraft für diesen Vorgang ist die so genannte *Osmose*. (Was das ist, erfährst du im Kasten «Nachgefragt: Was bedeutet eigentlich Osmose?»)

In unserem Experiment kannst du die Plasmolyse deshalb hervorragend erkennen, weil das Schrumpfen der rot gefärbten Zellvakuolen sehr gut zu beobachten ist. Als hypertonische Lösung verwenden wir eine Zucker- oder Kochsalzlösung.

> ### Steckbrief
>
>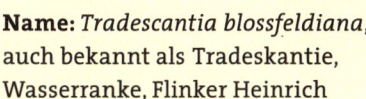
>
> **Gesucht: Die Dreimasterblume**
>
> **Name:** *Tradescantia blossfeldiana*, auch bekannt als Tradeskantie, Wasserranke, Flinker Heinrich
>
> **Fundort:** Ursprünglich aus den Tropen und Subtropen Amerikas stammend, zählt die Dreimasterblume heute zu den beliebtesten Zimmerpflanzen.
>
> **Besondere Kennzeichen:** Aufrechte, mitunter auch niederliegende Pflanze mit rötlichen Sprossen, die Blätter sind unterseits weiß behaart. Bei der Sorte *Variegata* auch auf beiden Seiten cremefarben gestreift. Die kleinen weißen Blüten werden vom Frühjahr bis in den Spätsommer gebildet. Die Pflanze kann man ganz leicht vermehren, indem man einen Trieb abschneidet und ins Wasser stellt; schon nach kurzer Zeit bilden sich Wurzeln.

Wo finde ich das Material?

Rote Zwiebeln gibt es in der Gemüseabteilung von Supermärkten und Lebensmittelgeschäften, aber auch auf dem Wochenmarkt oder in manchen Gemüsegärten. Geeignet sind auch einige Zimmerpflanzen, wie etwa die Dreimasterblume mit roten Stängeln und Blättern. Zur Herstellung der Präparate musst du allerdings Flächenschnitte machen, was nicht ganz einfach ist. Die Epidermiszellen von roten Zwiebeln lassen sich dagegen ganz leicht präparieren.

Ausrüstung für deine Mikroskopier-Expedition

Objektträger, Deckgläschen, 1 Pinzette, Marmeladenglas, 2–3 Esslöffel Zuckerrohrsirup (oder 1–2 Esslöffel Zucker), warmes Wasser, 1 Küchenmesser, 1 Rasierklinge, Pinzette, Objektträger, Deckgläser, Pipette, Filterpapier

1. Stelle erst einmal die hypertonische Lösung her: Dazu gibst du Zuckersirup (bzw. Zucker) in ein kleines Marmeladenglas, füllst etwa zwei Daumenbreit warmes Wasser hinzu und schraubst das Glas zu. Abschließend schüttelst du das Glas, bis alles gut verteilt ist. (Anstelle einer Zuckerlösung kannst du auch eine Salzlösung herstellen; dazu löst du das Salz auf die gleiche Weise wie den Zucker auf. Am einfachsten – auch hinterher bei der Plasmolyse – geht es allerdings mit Sirup.)
2. Zerschneide nun die rote Zwiebel in vier Teile. Wie du siehst, sind die Zwiebeln nur außen rot. Daher ritzt du sie nun auf der Außenseite mit der Rasierklinge über Kreuz ein.
3. Ziehe anschließend das Häutchen mit der Pinzette ab und gib es in einen Tropfen Wasser auf einen sauberen Objektträger. Lege ein Deckgläschen darauf, und los geht's.
4. Suche dir eine Stelle aus, wo die wie Ziegelsteine in einer Mauer liegenden Zellen besonders schön gefüllte, große rote Vakuolen haben.
5. Nun gibst du einen Tropfen Zuckerlösung neben das Deckgläschen und saugst die Flüssigkeit mit Filterpapier durch. Schau durchs Mikroskop, was nun passiert.

Was du im Mikroskop sehen kannst

Während du die Zuckerlösung durchsaugst, wirst du erkennen können, wie die Vakuolen zu schrumpfen beginnen. Dies passiert nicht gleichmäßig. An mehreren Stellen sind sie weiter mit der Zellwand verbunden. Obwohl dir dieses Experiment wahrscheinlich nicht misslingen wird, kannst du unter folgender Internet-

Adresse die Plasmolyse ebenfalls sehen. Aber es macht mehr Spaß, es selbst zu versuchen:
http://www.cells.de/cellsger/medienarchiv/archiv/bp1c1562d/1562a38.htm

Tipps für weitere Fundorte

Im Grunde genommen kannst du für diesen Plasmolyseversuch alle Pflanzen nehmen, die rot gefärbte Bestandteile besitzen – sei es nun Rotkohl, Radicchio, Rote Bete, Kirschen oder Heidelbeeren. Allerdings ist kaum eine Pflanze hierfür so hervorragend geeignet wie die rote Zwiebel, da sie sich so einfach präparieren lässt – halt, mit rotem Knoblauch müsste es auch klappen …

Für die nächste Expedition musst du mit ein paar Tagen Vorbereitungszeit rechnen, da du zunächst Samen zum Keimen bringen musst – und das dauert nun mal.

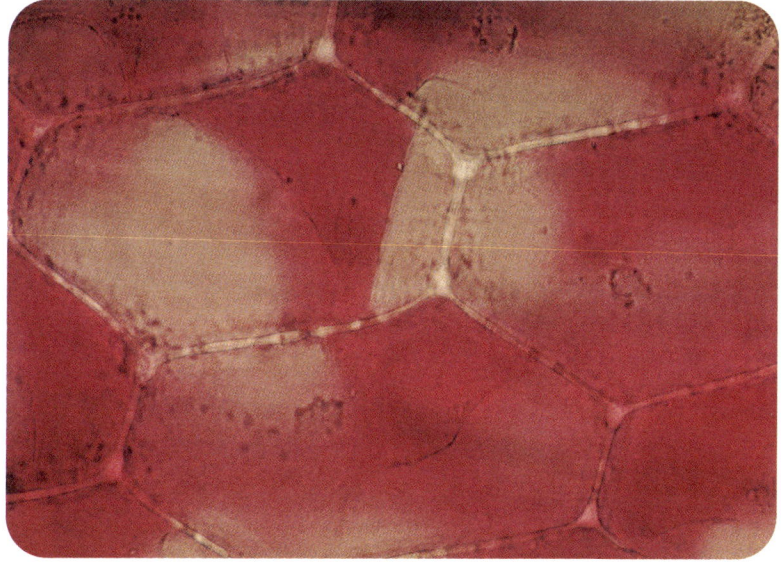

Abb. 28: Infolge der hochkonzentrierten Zuckerlösung außerhalb der Zwiebelzellen strömt Wasser aus den Vakuolen, und diese schnüren sich zusammen. Die hellroten Bereiche sind ein Indiz dafür.

> **Berühmte Leute**
>
> **Der Vater des Kunstdüngers**
>
> Der deutsche Chemiker **Justus von Liebig** (1803 bis 1873) verbesserte im 19. Jahrhundert viele Methoden in der Chemie und erforschte die Ernährung der Pflanzen mit Mineralien. Auf seinen Erkenntnissen beruht die Entwicklung des Kunstdüngers aus Stickstoff, Kali und Phosphor.

Das Gras wachsen sehen – ein Keimversuch

Jeder Baum, jedes Kraut und jede Blume fangen einmal ganz klein an – sie keimen aus einem Samen. In diesen Samen steckt jeweils eine ungekeimte Minipflanze, der Embryo, umhüllt von einem Nährgewebe. Zum Keimen braucht der Samen einen geeigneten Boden, in dem er Wurzeln schlagen kann, außerdem Wasser und Sonnenlicht. Wenn das alles gegeben ist, beginnt der Samen zu quellen, die Hülle wird brüchig und die Keimwurzel schiebt sich allmählich heraus. Gleichzeitig wächst das Keimblatt oder, je nach Art, die Keimblätter mit dem Spross nach oben. Eine winzige Pflanze, die aber zum Teil noch von der Samenhülle umschlossen ist, bildet sich. Von nun an wächst die Wurzel stets abwärts, von der Sonne weg; der Spross hingegen streckt sich der Sonne entgegen. Die Wurzelspitze ist mit feinen Härchen bedeckt, die wir uns später genauer ansehen wollen. Ihre Aufgaben bestehen darin, Wasser und Mineralstoffe aus dem Boden aufzunehmen. Die Wurzel selbst verankert und stabilisiert die Pflanze im Boden. Im Innern der Wurzel liegt ein zylindrisches Bündel aus verschiedenen Leitgefäßen, in denen Wasser transportiert wird. Dieser Zentralzylinder ist von einem Rindengewebe umgeben.

Manchmal reichen aber Sonnenlicht und ausreichend Feuchtigkeit schon aus, um einen Samen zum Keimen zu bringen. Schließlich stehen dem Embryo ja genug Reservestoffe in seiner Samenhülle zur Verfügung. Deshalb wachsen Kresse und Alfalfa-Sprossen beispielsweise schon auf angefeuchteter Watte oder feuchtem Küchenkrepp. Das kannst du bei deinem Keimversuch nutzen.

Ewiger Klee und nahrhafte Sprossen

Für den Keimversuch brauchst du Samen des Alfalfagrases, auch Luzerne genannt. Der Name leitet dich in die Irre, da die Pflanze kein Gras, sondern ein Schmetterlingsblütler ist, ähnlich wie Klee, Bohne und Lupine. Alfalfa stammt ursprünglich aus dem Nahen Osten, wie der arabische Name *Al Falfah* verrät, wird inzwischen aber überall auf der Welt angebaut. Sie zählt mit zu den ältesten Futterpflanzen und zeichnet sich nicht nur durch ihre blaulila Blüten, sondern auch durch besonders lange Pfahlwurzeln aus. Aus den kleinen Keimlingen werden große

Steckbrief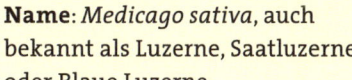

Gesucht: Das Alfalfagras

Name: *Medicago sativa*, auch bekannt als Luzerne, Saatluzerne oder Blaue Luzerne

Fundort: In großen Feldern oder wild am Rande von trockenen Wiesen oder Feldwegen.

Besondere Kennzeichen: Die Staude wird 50 bis 80 cm hoch. Ihre blauvioletten Blüten sitzen wie eine dichte Traube auf dem Stängel und sind bei Bienen und Hummeln als Nektarquelle sehr beliebt. Die Blüte dauert von Juni bis September.

Abb. 29: Es verwundert kaum, dass Alfalfa- oder Luzernblüten so viele Bienen, Hummeln und andere Insekten anziehen: Der darin enthaltene Nektar besitzt einen hohen Zuckeranteil (33 Gramm pro Liter).

> **Nachgefragt**
>
> **Warum sind Sprossen so gesund?**
>
> Beim Keimen nimmt der Samen in Kürze große Mengen Wasser auf, sein «Winterschlaf» ist beendet, und seine Reserven für das Wachstum der Jungpflanze werden mobilisiert. Dabei werden in kürzester Zeit nicht nur viele Mineralstoffe (wie Kalium, Magnesium, Eisen und Zink) frei oder aufgenommen, sondern auch große Mengen an Eiweißen und Vitaminen gebildet: So findet man in Sojasprossen eine 25- bis 30fach höhere Menge an Vitamin C als in ungekeimten Bohnen. Alfalfasprossen enthalten beispielsweise sehr viel Kalzium und Phosphor; daher sind sie – wie auch andere Sprossen – für uns Menschen so gesund.

Stauden, deren Wurzeln fast neun Meter in die Erde reichen können. Auf diese Weise kann Alfalfa auch tief gelegene Wasserreserven nutzen und daher längere Trockenzeiten gut überstehen. Am besten wächst die Pflanze auf ergiebigen Kalkböden. Die Bauern säen Luzerne im Frühjahr aus und «mähen» sie dann drei- bis viermal im Jahr. Da man sie so häufig schneiden kann, wird die Luzerne auch «Ewiger Klee» genannt. Alfalfa ist ein beliebtes Grünfutter für Rinder, Schweine, Pferde, Schafe und Geflügel. Sogar wir Menschen können Alfalfa-Keime als schmackhafte Salatzutat genießen und verzehren.

Wie viele Schmetterlingsblütler besitzt auch Alfalfa an den Wurzeln Knöllchenbakterien, die den Stickstoff aus der Luft aufnehmen und für den Boden verfügbar machen. Auf diese Weise wirkt die Pflanze wie ein natürlicher Dünger.

Ausrüstung für deine Mikroskopier-Expedition

1 Keimbox (oder eine flache Plastikschale), Alfalfasamen (oder Kressesamen), etwas Watte, Wasser, Pinzette, Objektträger, Deckgläser

1. Fülle etwas Watte in die Schale und decke sie mit Klarsichtfolie ab. Wenn du eine Keimbox benutzt, gehe nach der Anleitung zu dieser Box vor.
2. Lege nun Watte in die Schale, befeuchte sie gut und streue die Samen hinein.
3. Stelle alles an einen hellen Ort (Fensterbank), doch nicht auf die Heizung.
4. Bereits nach gut acht Stunden erscheinen die ersten Wurzeln

mit ihren Härchen; nach einem Tag kommen die beiden Keimblätter.
5. Zupfe mit der Pinzette vorsichtig die Keimwurzel und lege sie mit ausreichend Wasser auf den Objektträger.

Was du unter dem Mikroskop sehen kannst

Die durchsichtigen Wurzelhaare liegen in der Nähe der braunen Wurzelspitze. Du kannst sie gut daran erkennen, dass sie wie der kleine Finger eines Handschuhs aus der Rinde herausragen. Weiter aufwärts am Stängel wirst du keine mehr finden. Bei jüngeren Pflänzchen, die erst 3 bis 4 Tage alt sind, kannst du erkennen, dass die Härchen aus Ausknospungen der Wurzelhautzellen *(Rhizodermiszellen)* entstehen. Wurzelhaare werden nicht sehr alt. An älteren, höheren Teilen der Wurzel findest du sie daher nicht.

Zahlen & Rekorde

Wurzelrekorde

Dass eine Staude wie Alfalfa, die nicht mal einen Meter hoch wird, bis zu neun Meter lange Wurzeln in den Boden treibt, ist schon beachtlich. Andere Pflanzen können aber noch «tiefer»: Beim Weinstock beispielsweise liegt die Wurzeltiefe bei 12 bis 16 Metern, und manche Wüstenpflanzen haben sogar 20 Meter lange Wurzeln.

Tipps für weitere Fundorte

Wenn dir dieser Keimversuch zu lange dauert, kannst du anstelle von Alfalfasprossen auch Kressepflänzchen (aus dem Supermarkt oder vom Wochenmarkt) nehmen. Diesen kannst du die Wurzelbereiche auf gleiche Weise wie oben beschrieben abknipsen und anschließend die Wurzelhärchen mikroskopieren.

Auf der nächsten Expedition wirst du dein blaues Wunder erleben – denn Pflanzen sind gar nicht so harmlos, wie es scheint. Um nicht gefressen zu werden, haben sie sich im Laufe ihrer Entwicklungsgeschichte so einiges einfallen lassen.

Wehrhafte Pflänzchen – von Brennhaaren und piksenden Kristallen

Wer glaubt, der Kampf ums Dasein werde nur zwischen Raub- und Beutetieren ausgetragen, irrt gewaltig. Denn auch Pflanzen finden es überhaupt nicht witzig, dem Tierreich widerstandslos als bequeme Futterkrippe zu dienen. Daher haben sie im Laufe ihrer Entwicklungsgeschichte eine ganze Reihe von Mitteln und Methoden entwickelt, um sich vor gefräßigen Käfern, Krähen und Kaninchen zu schützen.

Grüne Giftspritzen und stachelige Kräuter

Rein äußerlich schrecken viele Pflanzen schon ein Hungermaul mit Stacheln und Dornen ab: Kakteendornen können sich tief in die Haut bohren, während Rosen- oder Brombeeren stachelige Hecken bilden, die dichter sind als ein Stacheldrahtzaun. Andere Pflanzen wiederum, wie die Brennnessel, haben so genannte Brennhaare, die bei Berührung abbrechen und ein Gift in die Haut spritzen. Dick gewachste Blätter, harte Baumrinde oder dichte befilzte Stängel schützen ebenfalls vor Fraß durch Insekten, der größten Gefahr für Pflanzen, wenn sie in Massen auftreten.

Bei sehr vielen Pflanzen sind die Abwehrmaßnahmen aber im Inneren verborgen. Hierzu gehören unzählige Gifte und chemische Substanzen, die für Insekten ungenießbar oder tödlich sind. So sind auch die Inhaltsstoffe unserer Heilpflanzen, wie z. B. das frisch schmeckende Menthol aus der Pfefferminze, nichts anderes als «chemische Keulen» im Kampf gegen gefräßige Kerbtiere.
Es gibt nicht nur giftigen Milchsaft, etwa bei der Wolfsmilch, auch der Zellsaft des Riesenbärenklaus kann deine Haut reizen wie ein starker Sonnenbrand. Manchmal schrecken scharfkantige Kristalle in Pflanzenzellen einen Fressfeind ab; oder die Pflanze enthält so große Mengen ungenießbarer Stoffe – Kieselsäure im Schachtel-

halm oder Bitterstoffe in der Wildlupine –, dass sie erst gar nicht gefressen werden. Andere wiederum, wie die Geranien, besitzen Drüsenhaare, die ähnlich wie Brennhaare bei Berührung abbrechen und einen Duftstoff freisetzen, der dann Insekten in die Flucht schlägt.

Bei Gefahr und Bedrohung können Pflanzen sich sogar untereinander verständigen. Dies geschieht ebenfalls über eine Art Duftstoff, ein so genanntes *Pheromon*. Wenn beispielsweise das Blatt einer Mimose angebissen wird, treten aus den verletzten Zellen Pheromone aus, die zu benachbarten Mimosen gelangen und diese anregen, sofort in ihren Blättern Gifte zu bilden, die den Pflanzenfresser beim nächsten Übergriff auf eine Mimose auch töten können. Viele Pflanzen nehmen allerdings auch gezielt in Kauf, dass ein Teil von ihnen gefressen wird. Denn nur so kann

> **Zahlen & Rekorde**
>
> **Das haut den stärksten Ochsen um – Pflanzengifte**
>
> Ein für den Menschen besonders starkes pflanzliches Gift ist das *Rizin*, das in den Samen des Wunderbaumes steckt. Aus dieser Rizinusbohne wird auch das – ungiftige – Abführmittel Rizinusöl gemacht. Zu den bekannten heimischen Giftpflanzen zählen Tollkirsche, Goldregen, Schierling, Eibe und Eisenhut. Meist sind die Früchte dieser Pflanzen giftig, bei der Eibe sind es fast alle Pflanzenteile.

Abb. 30: Früher, als es noch mehr Pferdekutschen als Autos gab, fanden Haussperlinge, uralte Kulturfolger des Menschen, in den unzähligen Pferdeäpfeln auf den Straßen reichlich Nahrung. Heute gibt es in den Städten tatsächlich auch weniger Spatzen.

Brennhaare und piksende Kristalle

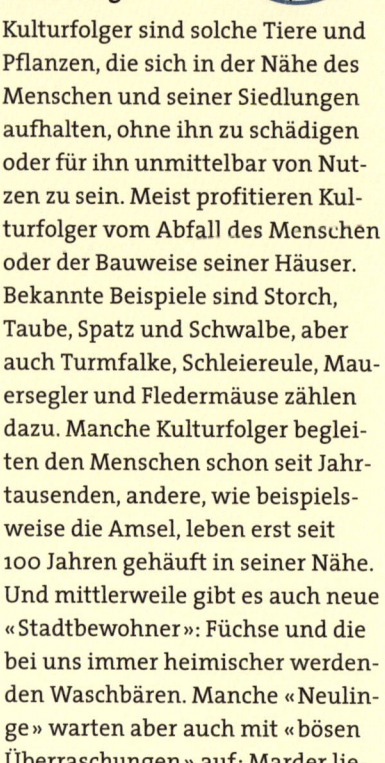

Nachgefragt

Was ist ein Kulturfolger?

Kulturfolger sind solche Tiere und Pflanzen, die sich in der Nähe des Menschen und seiner Siedlungen aufhalten, ohne ihn zu schädigen oder für ihn unmittelbar von Nutzen zu sein. Meist profitieren Kulturfolger vom Abfall des Menschen oder der Bauweise seiner Häuser. Bekannte Beispiele sind Storch, Taube, Spatz und Schwalbe, aber auch Turmfalke, Schleiereule, Mauersegler und Fledermäuse zählen dazu. Manche Kulturfolger begleiten den Menschen schon seit Jahrtausenden, andere, wie beispielsweise die Amsel, leben erst seit 100 Jahren gehäuft in seiner Nähe. Und mittlerweile gibt es auch neue «Stadtbewohner»: Füchse und die bei uns immer heimischer werdenden Waschbären. Manche «Neulinge» warten aber auch mit «bösen Überraschungen» auf: Marder lieben warme Motorhauben und nagen dort gerne Zündkabel an.

der Rest überleben, und zusätzlich dient es oft der Fortpflanzung. Ein Beispiel sind die roten Beeren vieler Rosengewächse, die die Vögel fressen und somit die darin enthaltenen Samen verbreiten. Andere Pflanzen, wie etwa der heimische Lerchensporn, statten ihre Samen mit einem fett- und eiweißreichen Anhängsel aus. Da Ameisen diesen «Bio-Fastfood» einfach unwiderstehlich finden, wird er von ihnen verschleppt und gefressen – und die Samen kommen als Anhalter gleich mit.

Du siehst, Pflanzen sind gar nicht so ohne, wie es scheint. Auf dieser «Expedition Mikroskop» erfährst du, wie die Brennhaare einer Brennnessel aussehen.

Was sind eigentlich Fasern?

Fasern sind lang gezogene, in Bündeln angeordnete Pflanzenzellen (so genannte *Sklerenchymzellen*), die außerordentlich belastbar sind und den Pflanzen als Stützelement dienen. Da sie sich außerdem noch sehr leicht verarbeiten lassen, werden Fasern schon seit dem Altertum zu Seilen, Matten, Matratzen und Stoffen verarbeitet. Seit 3000 Jahren kennt man bereits Flachs- und Hanffasern. Diese sind, wie auch Jute- und Ramiefasern (einer Verwandten der Brennnessel), sehr weich und ergeben daher gute Stoffe. Demgegenüber sind die so genannten Hartfasern reiß- und strapazierfähiger, weshalb man daraus eher Seile und Taue flicht. Hartfasern stammen von Pflanzen wie Sisal-Agave, Yucca-Palme, Manila-Hanf oder Neuseeland-Flachs.

Wo finde ich das Material?

Große Brennnesseln wachsen auf stickstoffreichen Böden; du findest sie von Frühjahr bis Ende Oktober überall am Wegesrand, in Gärten, Parks und Wäldern. Kleine Brennnesseln, deren Brennhaare du ebenfalls untersuchen kannst, mögen lieber etwas feuchtere Standorte, z. B. Straßengräben, Ufer oder Feuchtwiesen. Sie behalten bis weit in den Winter ihr Grün. Beim Abschneiden der Pflanzen solltest du Handschuhe anziehen, damit du dich nicht verbrennst. Achte darauf, dass du die Blätter nicht zu fest anpackst, da sonst zu viele Brennhaare zerstört werden. (Und die willst du ja hinterher noch untersuchen!)

Steckbrief

Gesucht: Die Große Brennnessel

Name: *Urtica dioica*, auch bekannt als Hanf-, Donner-, Sau-, Sengnessel, Zingel, Tissel

Fundort: Unbebaute Orte, Schuttplätze, Gräben, Zäune, Wiesen und Wälder.

Besondere Kennzeichen: Die Staude aus der Familie der Brennnesselgewächse wird 1,5 Meter hoch. Ihre gegenständigen Blätter sind spitz-eiförmig und am Rande gezähnt. Die Blüten stehen in rispenähnlichen Blütenständen. Die Bestäubung erfolgt durch den Wind. Die Blätter und der 4-kantige Stängel haben Brennhaare, die bei Berührung ein Gift abgeben, das starkes Hautjucken hervorruft.
Als so genannte Kulturfolger wachsen Brennnesseln bereits seit über 5000 Jahren in der Nähe menschlicher Siedlungen. Von alters her gilt sie als Arznei- und Heilpflanze. Bei den Germanen war sie dem Donnergott geweiht.

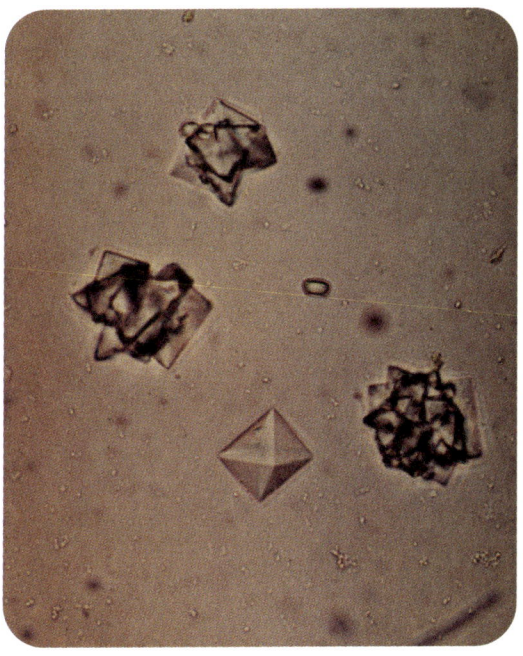

Abb. 31: Begonien, auch Schiefblätter genannt, enthalten in ihren Blattstielen mineralische Einschlüsse, so genannte Kristalldrusen. Diese stern- oder würfelförmigen Oxalatkristalle schützen die Begonien davor, von Pflanzenfressern angeknabbert zu werden, da sich die Tiere dabei an der Zunge verletzen.

Brennhaare und piksende Kristalle

> **Berühmte Leute**
>
> **Stark sein muss nicht besser sein**
>
> Der Engländer **Charles Darwin** (1809 bis 1882) ist der Begründer der Evolutionstheorie. Seine Aussage vom *Survival of the Fittest* wird heute von den Biologen so verstanden, dass nicht unbedingt stärkere oder größere Arten überleben werden, sondern solche, die sich am besten an eine bestehende Situation anpassen. Das erklärt, warum sich auch vermeintlich schwächere Arten bis heute behaupten konnten.

All Ding ist Gift – es kommt nur auf die Menge an

Der berühmte Arzt und Naturforscher Paracelsus (1494 bis 1541), mit vollem Namen Theophrastus Bombastus von Hohenheim, kannte sich auch mit Giftpflanzen aus. Er erkannte, dass viele Gifte, in der richtigen Menge angewandt, einen Menschen heilen statt töten können.

Ausrüstung für deine Mikroskopier-Expedition

*1 Schere, 1 Rasierklinge (mit Griff),
1 Pinsel, Objektträger, Deckgläschen*

1. Schneide mit der Schere mehrere Blätter vom Stängel einer Brennnessel ab und lege sie umgekehrt auf den Tisch. Schon mit bloßem Auge erkennst du die feinen Härchen auf der Unterseite der Blätter und am Blattstiel.

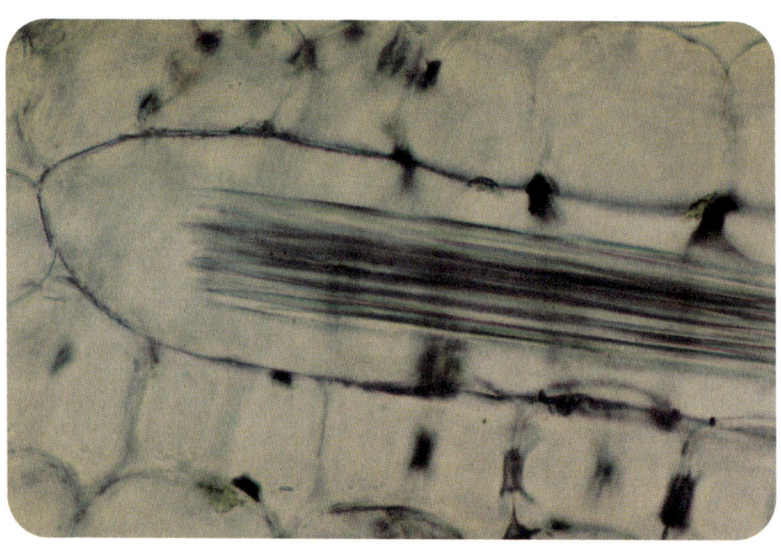

Abb. 32: Agavenpflanzen schützen sich nicht nur äußerlich durch extrem spitze Stacheln vor Fressfeinden, sondern haben auch in ihren Zellen spitze Kristallnadeln, die jedes Tier abschrecken, das einmal hineingebissen hat.

2. Nun musst du vorsichtig mit der Rasierklinge einige Härchen abschneiden. Lege die Klinge parallel zum Blatt, direkt an den Ansatz der Härchen auf der Blattoberfläche, und führe sie in Richtung Blattspitze.
3. Gib einen Tropfen Wasser auf einen Objektträger.
4. Streife die Härchen behutsam mit dem Pinsel in den Tropfen, dann lege ein Deckgläschen darüber, und ab unters Mikroskop.

Was du unter der Lupe und im Mikroskop sehen kannst

Die Brennhaare entstehen aus den Deckzellen *(Epidermiszellen)* des Brennnesselblattes. Sie entspringen aus einer Art Sockel. Die Haarzelle besteht aus einem sackförmigen unteren Teil, in dem sich das Gift befindet. Ihr oberer Teil ist schlank ausgezogen und endet in einem leicht zur Seite geneigten, kugeligen «Köpfchen». Dieses hat am Übergang zum Hals eine Art dünnen «Kragen», der sehr viel Kieselsäure enthält. Deshalb ist diese Stelle fast genauso brüchig wie «Glas». Schon bei der geringsten Berührung bricht das Köpfchen ab. Der Hals verwandelt sich in eine scharfe Einstichkanüle und spritzt das Gift in die Haut desjenigen, der die Nessel berührt hat.

Schon bei mittlerer Vergrößerung (120fach) kann man die Hohlräume dieser «Giftspritze» gut erkennen.

Abb. 33: Die Brennhaare einer Brennnessel, wie das hier abgebildete, schützen die Brennnessel davor, gefressen zu werden.

Tipps für weitere Fundorte

Ein anderer pflanzlicher Haartyp sind die Drüsenhaare der Geranien. Sie sitzen im feinen Filz auf der Blattoberseite dieser Pflanze. Allerdings sind sie wesentlich kleiner als die oben untersuchten Brennhaare und daher nur bei starker Vergrößerung erkennbar. Das recht große kugelige Ende eines Drüsenhaares enthält die duftenden Substanzen, die du bemerkst, wenn du eine Geranie anfasst. Sie werden frei, weil du bei der Berührung diese Härchen zerdrückt hast.

Auch auf der folgenden Expedition wirst du anfangs ein bisschen Zeit mitbringen müssen. Denn du wirst – wie ein kleiner Lebensmittelchemiker – eine Kultur aus Pilzen anlegen, die aus einem faden Milchprodukt einen aromatischen Käse machen.

Schimmel GmbH & Co. KG – alles aus eigener Zucht

Im Kapitel «Aufschlämmungen» hast du ja bereits einiges über Pilze und ihre Rolle in der Natur erfahren. Pilze helfen vor allem, tote Tiere und Pflanzen zu «recyceln». Für den Menschen sind sie einerseits Krankheitserreger, andererseits helfen sie Krankheiten zu heilen. Wie sie das machen, erfährst du in diesem Kapitel.

In der medizinischen Forschung werden Krankheitserreger wie Bakterien und Pilze gezüchtet, um sie näher zu untersuchen. Diese wachsen auf speziellen Nährböden. Eine solche Kultivierung ist bei den meisten Pilzen möglich. Allerdings muss man beim Züchten sehr vorsichtig sein und darf keine Sporen einatmen, da manche Pilze den Körper schädigen. Deshalb wollen wir auf der nächsten Expedition einen harmlosen Vertreter züchten. Du wirst einen Nährboden herstellen, ihn mit Pilzsporen «impfen» und den darauf gewachsenen Pilz später mikroskopieren.

Abb. 34: Manche Pilze sind nicht nur nützliche Zersetzer im Kreislauf der Natur, sondern schmecken obendrein noch gut, wie dieser Stein- oder Herrenpilz.

Steckbrief

**Gesucht:
Der Blauschimmel**

Name: *Penicillium roquefortii*, auch bekannt als Pinselschimmel

Fundort: Auf Käse, kann aber auch andere Lebensmittel befallen.

Besondere Kennzeichen: Kleiner Vertreter der großen Gruppe der Schlauchpilze, der auf seinem Substrat blau-grüne Rasen bildet. Die Vermehrung erfolgt über Sporen, die in einem schlauchförmigen Sporenbehälter gebildet werden (daher der Name Schlauchpilze).

Schmackhafter Schimmel?

Wenn Lebensmittel wie Obst, Gemüse oder Brot längere Zeit an einem feuchten, warmen Ort stehen, kann man nach einiger Zeit Stellen entdecken, die wie feine Watte aussehen. Das Brot ist schimmelig geworden. Der Schimmel besteht aber nicht nur aus wattigem Belag, sondern hat seine unsichtbaren Hyphen weit durch das Brot gezogen. Da Schimmelpilze oft giftige Substanzen enthalten, solltest du das Brot nicht mehr essen. Manchmal möchte man aber Lebensmittel, wie beispielsweise bestimmte Käsesorten, gezielt «schimmeln» lassen. Diese Pilzarten sind nicht gesundheitsschädlich und erhöhen den Geschmack des Käses, etwa bei Sorten wie Camembert, Brie, Gorgonzola und Roquefort. Der samtige, weiche, weiße Belag eines Camemberts besteht also – richtig – aus Schimmelpilzen!

Abb. 35: Frösche und Erdkröten sind vor Verpilzung geschützt, weil ihr Körperschleim pilztötende Stoffe enthält. Ansonsten würden die Tiere bei lebendigem Leibe verschimmeln.

Wo finde ich das Material?

Dieser Versuch ist etwas zeitaufwendig, da du erst einen Nährboden herstellen musst, auf dem anschließend deine Pilzkultur wachsen wird. Für den Nährboden benötigst du Gemüsebrühe und Agar-Agar-Pulver (beides bekommst du im Reformhaus oder Bio-Laden) sowie Zucker und Zitronensaft (frage deine Mutter danach). An die Pilzkulturen gelangst du, indem du in der Käseabteilung oder im Kühlregal nach Blauschimmel-Käsesorten Ausschau hältst. (Bekannte Beispiele sind Roquefort, Gorgonzola, Stilton oder Bavaria Blu, aber es gibt noch viel mehr.) Bei den blau-grünen Stellen in diesen Käsesorten handelt es sich um den gesuchten Schimmel.

Ausrüstung für deine Mikroskopier-Expedition

3–5 flache Schraubdeckelgläser (wie z. B. Kochwurstgläser, Kaviargläser), Backhandschuhe, 1 sauberes Fläschchen (z. B. Einweg-Limonadenflasche), Watte, 1 Topf mit kochendem Wasser, 1 Tasse, 1 Würfel (oder 2 Teelöffel) Gemüsebrühe, 1 Esslöffel Agar-Agar-Pulver, 1 Teelöffel Zucker, 1 Teelöffel Zitronen- oder Apfelsinensaft, 1 große Büroklammer (oder Eisen- bzw. Kupferdraht), 1 Pinzette (oder Zahnstocher), 1 großes Stofftaschentuch (bzw. 1 Stoffserviette), Objektträger, Deckgläschen

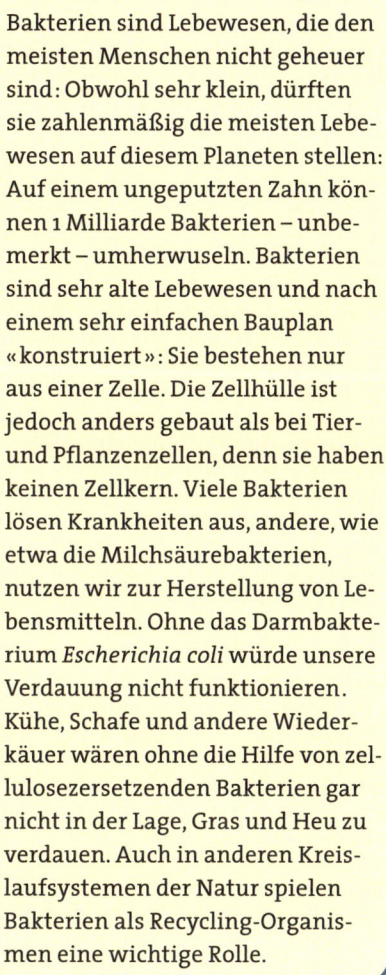

Nachgefragt

Was sind eigentlich Bakterien?

Bakterien sind Lebewesen, die den meisten Menschen nicht geheuer sind: Obwohl sehr klein, dürften sie zahlenmäßig die meisten Lebewesen auf diesem Planeten stellen: Auf einem ungeputzten Zahn können 1 Milliarde Bakterien – unbemerkt – umherwuseln. Bakterien sind sehr alte Lebewesen und nach einem sehr einfachen Bauplan «konstruiert»: Sie bestehen nur aus einer Zelle. Die Zellhülle ist jedoch anders gebaut als bei Tier- und Pflanzenzellen, denn sie haben keinen Zellkern. Viele Bakterien lösen Krankheiten aus, andere, wie etwa die Milchsäurebakterien, nutzen wir zur Herstellung von Lebensmitteln. Ohne das Darmbakterium *Escherichia coli* würde unsere Verdauung nicht funktionieren. Kühe, Schafe und andere Wiederkäuer wären ohne die Hilfe von zellulosezersetzenden Bakterien gar nicht in der Lage, Gras und Heu zu verdauen. Auch in anderen Kreislaufsystemen der Natur spielen Bakterien als Recycling-Organismen eine wichtige Rolle.

Berühmte Leute

Berühmte Streiter gegen die Bakterien

Dem französischen Chemiker **Louis Pasteur** (1822 bis 1895) verdanken viele Menschen ihr Leben. Pasteur entwickelte Impfstoffe gegen Tollwut und Milzbrand. Außerdem erkannte er, dass erhitzte Milch keine Keime mehr enthält, da diese beim Aufkochen abgetötet werden. In Rohmilch können nämlich einige Krankheitserreger vorkommen, wie beispielsweise Tuberkulosebazillen. Die Wärmebehandlung der Rohmilch wird seither als Pasteurisieren bezeichnet.

Ein anderer Bakterien-Bekämpfer war der deutsche Arzt **Robert Koch** (1843 bis 1910). Er entdeckte nicht nur den Tuberkulose-Erreger, sondern entwickelte auch einen Impfstoff dagegen. Koch erfand die ersten Nährböden für Bakterien und begründete die medizinische Bakterienkunde.

Einen gewaltigen Durchbruch im Kampf gegen die Bakterien erzielte der englische Mediziner **Alexander Fleming** (1881 bis 1955). Er entdeckte das Penizillin – eine Substanz, die in Schimmelpilzen vorkommt und Bakterien abtötet. Solche speziell Bakterien tötenden Stoffe nennt man Antibiotika.

1. Zunächst musst du sterile Gefäße und steriles Wasser herstellen. Spüle die Tasse und die Gläser samt Deckel in heißem Wasser (kein Spülmittel verwenden). Anschließend stellst du alles (Gläser und Tasse mit der Öffnung nach unten, Deckel mit der Innenseite nach oben) in einen heißen Backofen und lässt sie 20 Minuten bei 200 °Celsius darin stehen. Dann nimmst du Gläser und Deckel mit sauberen Backhandschuhen heraus und schraubst sie sofort zu. (Die Tasse stellst du umgedreht auf ein sauberes Handtuch.) In einem kleinen Topf bringst du Wasser zum Kochen, füllst das Einwegfläschchen mit Wasser voll und verstopfst das Ende mit einem Wattebausch. Lass es nun eine halbe Stunde im heißen Wasser kochen, dann herausnehmen und abkühlen. (Noch leichter ist es, wenn du die Flasche samt Wasser und Wattestopfen für 5 Minuten bei höchster Stufe in die Mikrowelle stellst. Alle vorhandenen Keime sind dann abgetötet, und es besteht so gut wie keine Verbrühungsgefahr. Aber Vorsicht: Keine Metallgegenstände wie Schraubdeckel oder Löffel in die Mikrowelle stellen, nur Sachen aus Glas, Porzellan oder Plastik!)

2. Gib nun 3 Tassen steriles Wasser (Vorsicht! Nicht verbrühen!) in einen kleinen Topf.

3. Löse anschließend Gemüsebrühwürfel, Agar-Agar-Pulver, Zucker und Zitronensaft unter Rühren darin auf. Lass alles 5 Minuten sprudelnd aufkochen; wenn

der Topf überzukochen droht, musst du ihn kurz vom Herd nehmen, bis die sprudelnde Flüssigkeit gesunken ist. Dann stellst du ihn wieder auf die Herdplatte. (Das Ganze klappt ebenfalls in der Mikrowelle.)
4. Diese Mischung ergibt den Nährboden, auf dem unser Pilz wachsen soll.
5. Öffne nun die Schraubdeckelgläser und gieße den Boden mit dem flüssigen Nährboden aus. Es muss sich eine fingerdicke Schicht bilden. Lass den Nährboden abkühlen, bis er fest ist.
6. Bastele dir eine Impf-Öse, indem du eine große Büroklammer zuerst gerade biegst (alternativ kannst du ein etwa 5 Zentimeter langes Stück Eisen- oder Kupferdraht nehmen). Dann biegst du ein Ende der Klammer (bzw. des Drahtes) zu einer Öse um. Fertig ist die Impf-Öse. Auch sie musst du jetzt nur noch in heißem Wasser sterilisieren. 30 Minuten in heißem Wasser kochen und im Wasser abkühlen lassen. Beim Herausnehmen darauf achten, dass du die Öse nicht berührst. (Du kannst die Öse auch kurz in eine Kerzenflamme halten oder noch besser über die Flamme eines Spiritusbrenners, aus einem Fondue-Rechaud).
7. Öffne eine Packung Blauschimmelkäse und kratze mit der Öse etwas Blauschimmel ab. Öffne die Schraubgläser und gib den Käse auf den Nährboden. Verteile ihn mit der Öse, schraube das Glas wieder zu und stelle es in die Nähe der Heizung aufs Fensterbrett.
8. Nun musst du 2 bis 3 Tage warten, bis sich auf dem Nährboden ein Rasen aus dunkelgrünem, am Rande weißem Schim-

> **Nachgefragt**
>
> **Was heißt eigentlich «steril»?**
>
> Steril bedeutet, dass ein Gegenstand keinerlei Bakterien mehr enthält. Diese wurden durch hohe Temperaturen oder intensive Bestrahlung mit ultraviolettem Licht abgetötet. Wenn Ärzte operieren, sind alle OP-Gegenstände und auch ihre Schutzkittel völlig steril, damit keine Keime in die entstehenden Schnittwunden gelangen können. In der Bakterienforschung arbeitet man ebenfalls steril, wenn beispielsweise verhindert werden soll, dass in einer Kulturschale andere Bakterien als die gewünschten wachsen sollen. Dazu beimpfen die Wissenschaftler ihre Schalen – das heißt, sie geben wenige Zellen, deren Ursprung sie genau kennen, in eine sterile Schale.

mel gebildet hat. (Wenn sich noch andere Kulturen gebildet haben, bedeutet das, dass du nicht sauber gearbeitet hast und auch andere Sporen auf den Nährboden gelangt sind.)

9. Wenn du jetzt die Gläser öffnest, solltest du unbedingt vermeiden, Pilzsporen einzuatmen. Binde dir für alle Fälle das Stofftaschentuch (bzw. die Serviette) vor Mund und Nase. (Du kannst dir auch einen Einmal-Mundschutz aus Papier besorgen, wie er von Ärzten und Krankenschwestern während einer Operation getragen wird.)
10. Zupf nun mit der Pinzette etwas von dem wattigen Flaum ab, der den Pilzrasen bedeckt. In diesem sitzen die Pilzsporen.
11. Übertrage dein Material auf einen Objektträger, einen Tropfen Wasser und ein Deckgläschen drauf. Nun kannst du die Sporen mikroskopieren. (Schließe die Gläser mit den Pilzkulturen wieder fest zu, dann kannst du auch den Mundschutz wieder abnehmen.)

Abb. 36: Auch aus Blasentang wird Agar-Agar gewonnen, ein pflanzliches Geliermittel. Insbesondere in der vegetarischen Küche wird er anstelle von tierischer Gelatine für Aspik, Gelee, Marmeladen und Sülzen verwendet. Im Labor dient Agar-Agar als Nährboden für Pilzkulturen.

Was du unter der Lupe und im Mikroskop sehen kannst

Gut erkennbar sind einige der durchsichtigen Hyphen, die Sporen haben eine annähernd kugelige Form.

Tipps für weitere Fundorte

Selbstverständlich kannst du auch andere Blauschimmelkäse als Roquefort verwenden. Auch das weiße Myzel von Camembert oder Brie eignet sich hierfür. Theoretisch ergeben auch die Schimmelbeläge auf Brot oder Marmelade sehr schöne Mikroskopierobjekte. Allerdings wirken manche Schimmelpilze gesundheitsschädlich und können beispielsweise Allergien auslösen. Von Brot- und Obstschimmel solltest du daher besser die Finger lassen.

Auf deiner nächsten Expedition wirst du an einen Ort geführt, der schon zur Zeit Leeuwenhooks, des «Vaters des Mikroskops», Ziel vieler «Mikroskopier-Ausflüge» war – die faszinierende Welt im Wassertropfen.

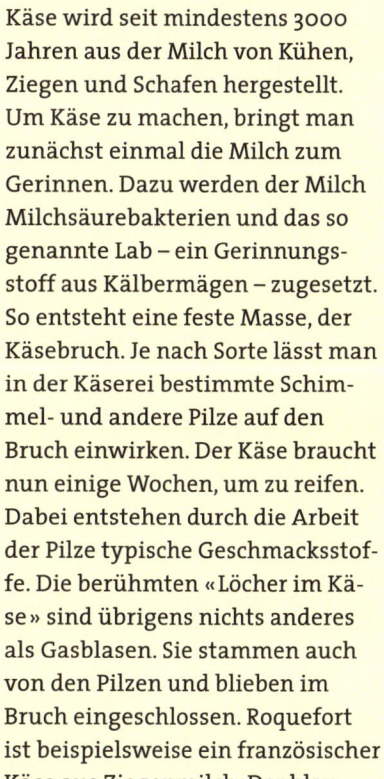

Nachgefragt

Wie macht man eigentlich Käse?

Käse wird seit mindestens 3000 Jahren aus der Milch von Kühen, Ziegen und Schafen hergestellt. Um Käse zu machen, bringt man zunächst einmal die Milch zum Gerinnen. Dazu werden der Milch Milchsäurebakterien und das so genannte Lab – ein Gerinnungsstoff aus Kälbermägen – zugesetzt. So entsteht eine feste Masse, der Käsebruch. Je nach Sorte lässt man in der Käserei bestimmte Schimmel- und andere Pilze auf den Bruch einwirken. Der Käse braucht nun einige Wochen, um zu reifen. Dabei entstehen durch die Arbeit der Pilze typische Geschmacksstoffe. Die berühmten «Löcher im Käse» sind übrigens nichts anderes als Gasblasen. Sie stammen auch von den Pilzen und blieben im Bruch eingeschlossen. Roquefort ist beispielsweise ein französischer Käse aus Ziegenmilch. Der blaugrüne Schimmel in seinem Inneren ergibt den scharf-pikanten Geschmack.

Nachgefragt

Stress mit dem Wasser?

Die Osmose, die dir schon beim Plasmolyse-Versuch begegnet ist (siehe Seite 82), macht nicht nur Pflanzenzellen, sondern auch Tierzellen zu schaffen. Viele Einzeller im Süßwasser haben ein Dauerproblem, da die Konzentration ihres Zellplasmas um ein Vielfaches höher ist als das umgebende Wasser. Von daher müsste dauernd Wasser in die Tierzelle strömen, und Einzeller, wie das Pantoffeltierchen, würden in kürzester Zeit platzen. Dies geschieht aber nicht, da Pantoffeltierchen zwei so genannte pulsierende Vakuolen besitzen. Dies sind kreisförmige Bläschen, die wie eine Pumpe durch regelmäßiges Öffnen und Schließen das osmotisch eingeströmte Wasser sowie gelöste Abfallstoffe aus dem Tier hinausbefördern.

Leben aus dem Trockendock – Heuaufguss und andere Ursuppen

Pokémons im Wassertropfen

Wasser ist ganz offensichtlich der bevorzugte Lebensraum der Einzeller oder *Protozoen*. Teiche und Tümpel, Pfützen und Regentonnen, Viehtröge und Gießkannen – sie alle bergen eine Vielzahl bizarrer Lebensformen, die ohne Mikroskop unseren Augen einfach verborgen bleiben. Die einen erinnern an Fahrradhelme mit Füßen, andere an behaarte Blumenvasen; manche sehen aus wie ein Cocktailwürstchen mit 2 Ringelschwänzchen, andere wiederum wie zerknautschte Frisbee-Scheiben.

In dieser Welt der «Wasser-Aliens» gibt es neben unzähligen Einzellern aber auch andere mikroskopisch kleine Wesen, die ein bisschen an die Pokémons erinnern. Sie heißen zwar nicht Pikachu, Vulpix, Giflor oder Entoron, haben von den Biologen aber auch so sonderbare Namen wie *Nematode*, *Rotator*, *Gastrotrich* oder *Copepode* bekommen. (Die deutschen Begriffe Fadenwurm, Rädertier, Bauchhaarling und Hüpferling klingen da gleich weniger spannend.) Zwischen ihnen schieben sich manchmal auch schachtel-, zigarren- oder bohnenförmige Wesen behäbig durch die Gegend. Diese «Mini-Raumschiffe» sind Kieselalgen, also Pflanzen, die sich aus eigener Kraft bewegen können. Wenn du einmal in diese wässrige Galaxis eingetaucht bist, sind die Pokémons bald vergessen …

Allerdings enthält nicht jedes Wasser automatisch Einzeller: In Leitungswasser, von den Wasserwerken chemisch aufbereitet, wirst du genauso wenig fündig werden wie etwa in klarem Quell- oder Brunnenwasser. Daher musst du der Natur ein bisschen auf die Sprünge helfen. Mit ein wenig trockenem Gras und etwas Erde mixt du dir einen so genannten Heuaufguss, der die Lebensbedingungen in einem Teich simuliert. Schau nach ein paar Tagen, was sich so alles darin entwickelt hat.

Cystenbildung – Überleben im Trockendock

Das Schicksal einer jeden Pfütze ist, dass sie irgendwann austrocknet. In dem Moment stehen alle ihre Bewohner im wahrsten Sinne «auf dem Trockenen». Viele Einzeller behelfen sich in dieser Notlage, indem sie sich mit einer dichten Schutzhülle – einer so genannten *Cyste* – umgeben und dann in eine Art Trockenstarre verfallen, in der sie längere Zeit ohne Wasser überleben können. (Man könnte fast sagen, dass sie wie Pokémons in eine andere Entwicklungsstufe übertreten.) Wenn dann wieder genug Wasser vorhanden ist, schlüpfen die Einzeller aus ihren Hüllen und geben ihr Ruhestadium auf. Mitunter werden die Cysten auch vom Winde verweht oder durch Tiere an andere Orte gebracht. Cysten bildende Einzeller sind nicht nur die Wimperntierchen,

> ### Nachgefragt
> **Was sind Einzeller?**
>
> Einzeller oder *Protozoen* sind die einfachsten Tiere überhaupt. Sie bestehen nur aus einer einzigen Zelle. Wie alle Tiere haben sie einen echten, deutlich erkennbaren Zellkern. Die Biologen teilen die Protozoen in vier Gruppen: Geißeltiere *(Flagellaten)*, Wurzelfüßer *(Rhizopoden)*, Wimperntierchen *(Ciliaten)* und Sporentierchen *(Sporozoen)*. Die ersten drei Gruppen wurden nach ihrer Art der Fortbewegung benannt: Geißeltiere bewegen sich mit Hilfe von Peitschen oder Geißeln. Wurzelfüßer, zu denen Amöben, Schalenamöben und nur im Meer lebende Lochtierchen gehören, kriechen mit Hilfe so genannter Scheinfüßchen (das sind sackartige Ausstülpungen des Zellkörpers) über den Boden. Die Wimperntierchen umgibt ein Saum unzähliger, schnell schlagender Wimpern, mit denen sie durchs Wasser schwimmen. Die Sporentierchen bilden – wie der Name schon sagt – Sporen aus und leben ausschließlich als Parasiten (Schmarotzer) in anderen Tieren. Auch *Plasmodium*, der Erreger der Malaria, ist ein Sporentier.

Zahlen & Rekorde

Guinness-Rekorde im Mikrokosmos

Eine Rekordgröße unter den meist unter 1 Millimeter großen Einzellern stellt das Porentierchen *Gypsina plana* mit 12,5 Zentimetern auf. Fast dreimal so groß wurde sogar eine *Nummulites*-Art, deren gekammertes Kalkgehäuse nur als Versteinerung erhalten geblieben ist: Dieser gigantische Meereseinzeller, der ebenfalls zu den Porentierchen zählte, misst 32 Zentimeter im Durchmesser. Als größtes Wimperntierchen macht sich das rosafarbene «Japanische Lidtierchen» *(Blepharisma japonicum)* mit einer Länge von 0,5 Millimetern fast wie ein Zwerg aus.
Ein wahrer Survival-Künstler ist aber das Wimperntierchen *Colpoda cuculus*: Es überlebt mehr als 5 Jahre Trockenheit in seiner Cyste.

---

sondern auch Amöben und Schalenamöben. Manche Ciliaten kapseln sich auch ein, wenn das Nahrungsangebot (Bakterien) schlecht ist. Die Schutzhüllen dürfen nicht austrocknen, da die Tiere sonst sterben.

Wo finde ich das Material?

Wie der Name «Heuaufguss» verrät, solltest du etwas trockenes Gras von einer Wiese sammeln. Am besten sind Heuproben von Wiesen und Weiden am Ufer von Flüssen und Bächen, die gelegentlich überflutet werden. Enten und andere Wasservögel verbreiten ebenfalls die Cysten von Einzellern. Trockene Grashalme oder Heu vom Ufer eines Entenweihers ergibt daher bestimmt gute Präparate. (Wasche dir danach sofort gründlich die Hände, da Enten auch andere Krankheitserreger übertragen können.) Schnittgras vom Komposthaufen oder trockene Halme aus einer ehemaligen Pfütze tun es aber auch.

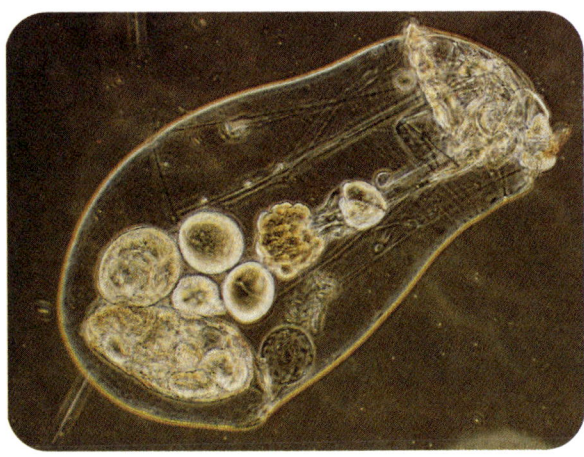

Abb. 37: Rädertierchen sind kleine, 3 Millimeter lange Schlauchwürmer. Benannt sind sie nach ihrem «Räderorgan», einem kreisförmigen Wimpernsaum, auf der Bauchseite.

Ausrüstung für deine Mikroskopier-Expedition

1 großes und 1 kleines Schraubdeckelglas, 1 Tropfpipette, Tapetenkleister, Objektträger, Deckgläschen

1. Nimm ein großes Schraubdeckelglas, fülle es mit Leitungswasser und gib deine Heuprobe hinein. Nun lässt du das Glas mehrere Tage in einem kühlen Raum stehen.
2. Nach 2 bis 3 Tagen hat sich auf dem Wasser eine Haut gebildet. Das Wasser riecht jetzt ziemlich unangenehm.
3. Fülle ein kleines Marmeladenglas mit Wasser und gib 1–2 Messerspitzen Tapetenkleisterpulver hinein. Rühre so lange um, bis sich alles gelöst hat. Die Kleisterlösung darf nicht zu dickflüssig sein.
4. Gib einen kleinen Tropfen Kleisterlösung auf einen Objektträger.
5. Fische mit der Tropfpipette in der Nähe der vergammelten Halme und gib einen Tropfen davon auf den Kleistertropfen. Zum Schluss kommt ein Deckgläschen aufs Präparat.

Berühmte Leute

Leben kommt nur aus Leben

Bis etwa 1600 glaubten viele Menschen noch, dass manche Lebensformen auch aus totem Stoff entstehen können – beispielsweise, dass Fliegen und Mäuse einfach so aus faulendem Fleisch hervorkrabbeln. Erst der italienische Arzt und Dichter **Francesco Redi** (1626 bis 1698) wies eindeutig nach, dass das nicht möglich ist. Er verschloss die Gefäße mit faulendem Fleisch ganz dicht – und es kamen keine Maden heraus. Das Mikroskop trug übrigens viel dazu bei, solche Missverständnisse aufzuklären, da manche Frühformen des Lebens nun sichtbar wurden.

Was du unter der Lupe und im Mikroskop sehen kannst

Unter Umständen musst du mehrmals Proben nehmen, bis du fündig geworden bist. Pantoffeltierchen erinnern an kleine, sich um die eigene Achse drehende Bohnen. Durch den Tapetenkleister werden die Tiere in ihrer Beweglichkeit gebremst und können bei höherer Vergrößerung nicht so geschwind aus dem Bild schwimmen. Bereits bei schwächster Vergrößerung sieht man die pulsie-

> **Steckbrief**
>
> **Gesucht: Das Pantoffeltierchen**
>
> **Name:** *Paramecium caudatum*
>
> **Fundort:** In verschiedenen Lebensräumen des Süß- und Brackwassers.
>
> **Besondere Kennzeichen:** Spindelförmiger, 150–300 Mikrometer langer Einzeller, der zu den *Ciliaten* oder Wimperntierchen gehört. Sein Körper ist von etwa 5000–15000 Wimpern (so genannten *Cilien*) bedeckt, die unabhängig voneinander schlagen und das Pantoffeltierchen durch das Wasser treiben. Dabei schwimmt es durch Drehung um die Körperlängsachse. Pantoffeltierchen ernähren sich von Bakterien. Sie reagieren auf Licht, Temperatur, Schwerkraft sowie auf einige chemische Substanzen.

renden Vakuolen als zwei größer und kleiner werdende Punkte. Auch die schlagenden Wimpern kannst du als ein flimmerndes Band am Körperrand des Tierchens erkennen.

Vielleicht erblickst du ja auch eine langsam kriechende Amöbe, einen nervös hin und her zuckenden Fadenwurm *(Nematode)* oder ein flott umherschwimmendes Rädertierchen. Wenn du einen der verrotteten Halme unters Mikroskop legst, kannst du anstelle von Kleisterlösung Leitungswasser auf die Probe träufeln. Hier findest du dann unter Umständen sesshafte Einzeller wie beispielsweise Glocken- oder Trompetentierchen, die

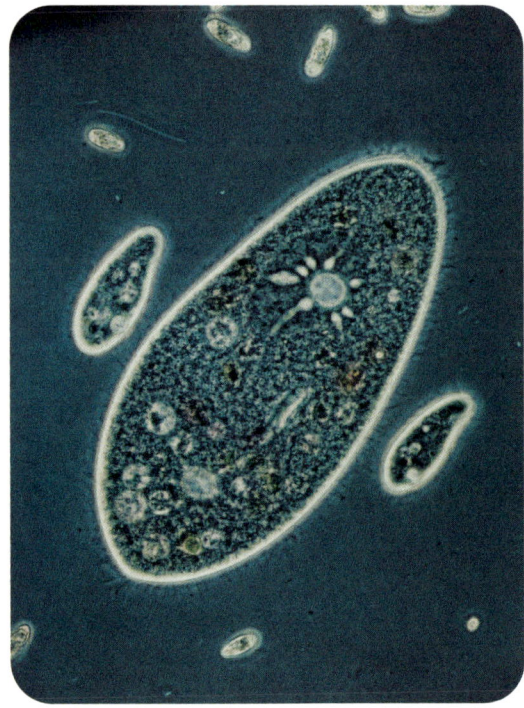

Abb. 38: Bereits bei geringer Vergrößerung kannst du sehen, wie die beiden Vakuolen des Pantoffeltierchens pumpen.

genauso aussehen, wie sie heißen. Möglicherweise sitzt auf der Halmoberfläche auch ein so genanntes *Sauginfusor*, ein ebenfalls sesshafter Einzeller, der an einen Minikaktus erinnert und mit kleinen Fangärmchen nach Beute hascht. Vielleicht schwebt ja gerade auch ein durchsichtiges Sonnentierchen vorbei?

Tipps für weitere Fundorte

Gewässerproben aus Gartenteichen und kleinen Bächen liefern dir ebenfalls große Mengen an Protozoen. Selbstverständlich sind auch größere Tiere wie Hüpferlinge, Blattfußkrebschen oder Gliederwürmer (siehe dazu das Kapitel «Feuchte Winzlinge») dabei. Wasserproben nimmst du in einem großen Schraubdeckelglas direkt aus dem Gewässer. Greife mit einem Löffel dabei auch ein wenig Schlamm und Schwebstoffe vom Boden auf. Das Wasser in Aquarienfiltern enthält ebenfalls große Mengen an Einzellern. Und wenn deine Mutter das nächste Mal einen verwelkten Blumenstrauß wegwerfen will, bitte sie, das Wasser nicht wegzukippen. Hier wirst du ganz bestimmt fündig. Wenn du Pantoffeltierchen züchten willst, machst du dir einen Aufguss aus Kohlrüben (keine Runkel- oder Zuckerrüben). Dazu schneidest du die Rübe in kleine Stücke und trocknest sie auf Zeitungspapier. Aus den getrockneten Rübenschnitzen kannst du noch 2 bis 3 Jahre später mit Zugabe von etwas Wasser Pantoffeltierchen züchten! Aber nun wollen wir uns einem größeren Süßwasserbewohner zuwenden, der mit der Brennnessel eines gemeinsam hat – er kann nesseln!

> **Berühmte Leute**
>
> **Saubere Hände können Leben retten**
>
> Der Wiener Arzt **Ignaz Semmelweis** (1818 bis 1865) erkannte, dass Krankheitserreger durch mangelnde Sauberkeit übertragen werden: Auf der Säuglingsstation, in der Semmelweis arbeitete, starben viele junge Mütter nach der Geburt, weil die Ärzte sich nach der Behandlung von verschiedenen Patienten nicht richtig die Hände gewaschen hatten. Zwar wies Semmelweis auf diesen Zusammenhang hin, jedoch hörte niemand auf ihn. Erst zwei Jahre nach seinem Tode griff der englische Chirurg **Joseph Lister** (1827 bis 1912) die Ideen des Wiener Kollegen auf und führte antiseptische Methoden ein: Die Ärzte mussten von nun an vor einer Operation ihre Hände mit Karbolsäure reinigen. In späteren Jahren wurde das antiseptische durch keimfreies, steriles Arbeiten abgelöst.

Steckbrief

Gesucht: Der Süßwasserpolyp

Name: *Hydra vulgaris*, auch bekannt als Gemeiner Süßwasserpolyp

Fundort: In lichtdurchfluteten, flachen Uferbereichen sauberer Bäche und Seen, oft unter faulenden Blättern oder Grashalmen.

Besondere Kennzeichen: Der Süßwasserpolyp wird bis zu 1 cm groß und ist meist durchsichtig, oft auch weißlich, grünlich oder hellbraun gefärbt. Am oberen Ende seines schlanken, zylindrischen Körpers befindet sich das Mundfeld, das von einem Kranz aus vier bis zwölf Fangärmchen *(Tentakeln)* umgeben ist. Diese Tentakel spielen eine wichtige Rolle beim Beutefang. Am unteren Ende, dem Fuß, befindet sich eine Haftscheibe, mit der sich der Polyp an Zweigen, Halmen oder am Boden festsetzt. Hydren bewegen sich auf recht ungewöhnliche Art vorwärts, indem sie langsam «Purzelbäume» schlagen. Aus einem Polypen gehen durch Abschnürung kleine Polypen hervor.

Stillhalten will gelernt sein – Tricks zur Beobachtung lebender Tiere

Das Mikroskopieren lebender Tiere ist immer mit gewissen Schwierigkeiten verbunden. Im letzten Kapitel hast du erfahren, mit welchen Kniffen man ein Pantoffeltierchen ruhig stellen kann. Die Beobachtung mit dem Mikroskop ist auch dann nicht ganz leicht, wenn es sich um größere Tiere (Wasserflöhe oder Süßwasserpolypen) handelt. Es kann nämlich leicht passieren, dass diese zwischen Deckglas

Abb. 39: Mit seinen Tentakeln fängt der Polyp Wasserflöhe und andere wasserbewohnende Kleintiere.

und Objektträger zerquetscht werden. Weiterhin besteht die Gefahr, dass das Wasser in der Probe wegen der Wärme aus der Lichtquelle verdunstet oder das Tier infolge der Hitze abstirbt.

Ausrüstung für deine Mikroskopier-Expedition

1 großes Einmachglas, Käscher oder Fischnetzchen, Lupe, Pinzette, Objektträger, Deckgläser, Knetgummi, etwas verdünnter Essig

1. Sammle Schilfstängel, Wasserlinsen und andere Wasserpflanzen (am besten aus verschiedenen Teichen und Gewässern) und lasse sie in einem großen Einmachglas ein paar Tage im Keller oder einem anderen kühlen Raum stehen. Suche dann die Pflanzen mit Hilfe einer Lupe nach Polypen ab.
2. Lege zuerst ein Deckgläschen auf ein Stück Papier. Zur Herstellung der «Beinchen» musst du aus Knetgummi vier winzige Kügelchen (nicht dicker als ein Millimeter) drehen. Drücke sie auf die vier Enden des Deckgläschens.
3. Suche dir aus dem Glas mit den Süßwasserpolpyen ein Tier aus. Fische es mit der Pipette heraus und gib den Polypen zusammen mit ausreichend Wasser auf einen Objektträger.
4. Lege nun das Deckglas vorsichtig mit einer Pinzette (mit den Beinen nach unten) auf den Wassertropfen.

Nachgefragt

Brennnesseln unter Wasser?

Süßwasserpolypen gehören zur Tiergruppe der Nesseltiere *(Cnidaria)*. Die Vertreter dieser Gruppe – zu denen auch bekannte Meerestiere wie Quallen und Korallen zählen – besitzen einen einfachen, schlauchähnlichen Körper mit Fangärmchen (Tentakeln). Dieser ist weich und gallertartig; er wird weder durch ein Innenskelett aus Knochen (wie bei den Säugetieren) gefestigt, noch besitzt er einen festen Außenpanzer (wie man ihn bei Insekten und Krebsen findet). Charakteristisch für alle Nesseltiere sind die so genannten Nesselkapseln, spezielle Zellen in der Haut. In ihnen befinden sich giftige Substanzen, mit denen ein berührtes Beutetier getötet wird. Beim Süßwasserpolypen sitzen diese «Giftkapseln» auf seinen Tentakeln. Berührt beispielsweise ein vorbeischwimmender Wasserfloh den Auslöser der Nesselkapsel, dann schießt so etwas wie eine «Mini-Harpune» an einem langen Schlauch aus ihr heraus und durchbohrt den Panzer des Flohs.

Nachgefragt

Warum brennt es, wenn man eine Qualle anfasst?

Bei der Berührung einer Nesselkapsel läuft ein ähnlicher Vorgang ab wie beim Anfassen des Brennhaares eines Brennnesselblattes. Für uns Menschen sind die Nesselkapseln eines kleinen Süßwasserpolypen jedoch nicht gefährlich. Anders sieht es allerdings bei manchen Nesseltier-Arten aus, die im Meer leben, wie zum Beispiel Feuerquallen und Wachsanemonen: Diese können mit ihren Nesseln heftige Hautausschläge und -reizungen hervorrufen, bei empfindlichen Menschen sogar Allergien auslösen. Das Gift einiger Quallenarten, wie der Seewespe, die im Indischen Ozean vorkommt, kann einen Menschen sogar töten.

5. Drücke ganz behutsam die Knetgummikügelchen mit dem stumpfen Ende eines Bleistifts fest. Fertig. Jetzt kannst du den Polypen unterm Mikroskop betrachten.

Was du unter dem Mikroskop sehen kannst

Der Polyp wird nur schwach mit den Tentakeln rudern, weil er durch das Deckglas in seiner Beweglichkeit behindert wird. Mit etwas Glück kannst du noch die Reste eines gefangenen Wasserflohs durch seine durchsichtige Haut erkennen. Vermeide Erschütterungen, weil sich der Polyp dann sofort zusammenzieht. Auch nachdem der Objektträger auf dem Objekttisch liegt, wird es noch etwas dauern, bis sich der Polyp wieder «entfaltet». Im folgenden Experiment bringst du ihn dazu, seine Nesselkapseln zu sprengen: Mische Wasser mit einem Tropfen Essig und

Abb. 40: Wachsanemonen wirken harmlos, wenn sie in der Strömung am Boden hin und her treiben. Sie können jedoch stark nesseln.

etwas grüner Tinte (das Wasser darf nur leicht grünlich sein). Gib mit der Pipette davon einen großen Tropfen neben das Deckglas und sauge ihn mit Hilfe eines kleinen Stückchens Filterpapier hindurch. Was passiert? Der saure Essig hat den Polypen veranlasst, seine Nesseln auszuschleudern, die du bei stärkerer Vergrößerung sogar gegen den grünen Kontrast sehen kannst.

Nach diesen beiden aufregenden und quirligen Expeditionen wird es auf der nächsten wesentlich ruhiger und geordneter zugehen. Außerdem werden deine Präparate garantiert stillhalten – schließlich handelt es sich um … Kristalle!

Zahlen & Rekorde

Nesseltiere als Segelschiffe und Naturbaumeister

Nesseltiere können sehr klein sein, wie der hier beschriebene Polyp. Allerdings gibt es gerade bei den Quallen auch große Vertreter: Die «Portugiesische Galeere», auch «Seeblase» genannt, die in allen wärmeren Weltmeeren vorkommt, ist nichts anderes als eine 30 Zentimeter lange Kolonie aus zahlreichen Polypen und Medusen. Sie «segelt» mit Hilfe einer 20 – 25 Zentimeter langen, ovalen «Gasflasche» an der Wasseroberfläche, wobei die bis zu 10 Meter langen Tentakel hinter ihr durchs Wasser ziehen. Eine weitere große Gruppe der Nesseltiere sind die Korallentiere, deren 1 – 10 Millimeter große Polypen sich zu festsitzenden Kolonien, den Korallenstöcken, zusammenschließen. Die Skelette dieser Winzlinge bilden also letztendlich die gewaltigen Korallenriffe. Das größte ist das 2000 Kilometer lange Große Barriereriff vor der australischen Küste.

Struktur statt Chaos – die stille Welt der Kristalle

Mineralien sind ungebundene chemische Elemente oder Elementverbindungen. Je nach ihrer Zusammensetzung unterscheiden die Fachleute acht Gruppen: Es gibt gediegene Elemente wie etwa Gold und Silber, schwefelhaltige Sulfide und Sulfate, kohlenstoffhaltige Karbonate, phosphorhaltige Phosphate, siliziumhaltige Silikate, sauerstoff-/wasserstoffhaltige Oxide und Hydroxide sowie Halide, die immer aus Verbindungen mit einem so genannten *Halogen* (einem «Salzbildner») wie Fluor, Chlor, Brom und Jod entstehen. Aus der letzten Gruppe wollen wir uns winzige Bruchstücke des Halit-Kristalls unter dem Mikroskop anschauen. Was, du kennst das Halit nicht? Nun, unter dem Namen Kochsalz ist es dir bestimmt schon einmal begegnet.

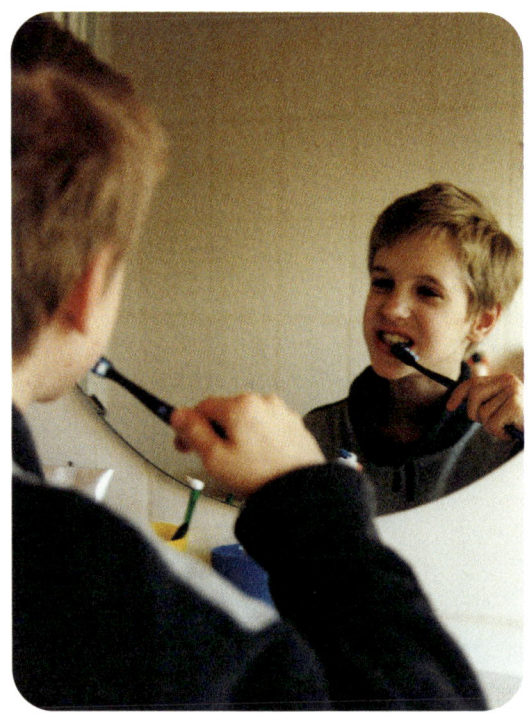

Abb. 41: Auch deine Zähne bestehen aus Mineralien, und zwar in erster Linie aus Fluor-Apatit. Deshalb bekommen Babys Fluortabletten, um starke Zähne zu kriegen. Und daher hältst du dir auch mit fluorhaltiger Zahnpasta deine Zähne gesund. Deine Mutter verwendet bestimmt auch fluor- und jodhaltiges Kochsalz.

Kristalle – die Legosteine der Natur

Fast alle natürlichen Mineralien bestehen aus Kristallen. Dies sind regelmäßig angeordnete (symmetrische) Strukturen, die wie Legosteine größere Formen (z. B. Steine) bilden können.

Die regelmäßige Form von Kristallen beruht auf dem so genannten Kristallgitter – das ist eine Art Würfel, in dem die Atome – die kleinsten Einheiten eines Elements – in einer festen, vorgegebenen Form angeordnet sind. Das ist etwas kompliziert, soll dir aber an einem Beispiel erklärt werden. Nimm einmal das Kristallgitter des Kochsalzes. Es besteht aus Chlor- und Natriumatomen (siehe Seite 116), die an unterschiedlich große Bälle erinnern. Wenn ein Chloratom so groß wie ein Tennisball wäre, müsste das Natriumatom so groß wie ein Tischtennisball sein. Die kleinste Einheit eines Kristallgitters ist die so genannte Elementarzelle. Sie entspricht letztlich der Form, die dann das gesamte Kristall hat. Auch hier kannst du dir an Legosteinen klarmachen, wie das gehen soll. Wenn du aus 64 gleich großen würfelförmigen Legosteinen einen Würfel baust, der 4 Steine breit, 4 Steine lang und 4 Steine hoch ist, dann sieht der fertige Würfel genauso aus wie jeder einzelne Legostein. Der Kristall entspricht demnach dem fertig gebauten Würfel, die Elementarzelle einem einzelnen Legostein. Alles Lego, äh, logo?

Kristalle müssen nicht immer wie Würfel

Zahlen & Rekorde

Riesenkristalle

In der Nähe des Ortes Malakialiana auf Madagaskar wurde ein 187 Tonnen schwerer Beryll gefunden, der eine Länge von 3,5 Metern und einen Durchmesser von 3,36 Metern besitzt. Dünn geschliffene Beryllscheiben dienten übrigens im Mittelalter als Lesebrillen.
Den größten reinen Bergkristall der Welt kannst du in einem Museum in der US-Hauptstadt Washington bewundern. Er stammt aus China, ist fast 49 Kilogramm schwer und besitzt einen Durchmesser von 33 Zentimetern!

Zahlen & Rekorde

Wie viele Mineralien gibt es?

Zurzeit sind ungefähr 3500 verschiedene Mineralien bekannt. Allerdings verändert sich ihre Zahl fortlaufend, da Jahr für Jahr durchschnittlich über 30 neue hinzukommen, während andere von der Liste gestrichen werden, weil neue Erkenntnisse ergaben, dass sie die erforderlichen Bedingungen nicht erfüllen. Insgesamt kennt man fast 15 000 verschiedene Bezeichnungen für Mineralien.

aussehen, sondern können beispielsweise auch als Rechtecke, Rauten, Sechs- oder Dreiecke vorkommen. Insgesamt gibt es sieben mögliche Kristallformen.

Viele Gesteine, aber auch Edelsteine, bilden Kristalle. Quarzkristalle sind normalerweise sechseckig, während Feldspat rechteckige Kristalle bildet. Die Kristalle des Glimmers sind flach und sechseckig.

Mineralien im Alltag

Alle Lebewesen benötigen bestimmte Mineralien zum Leben: Natrium, Kalium, Kalzium und Magnesium beispielsweise sind in Form von «Ionen» häufiger Bestandteil von Stoffwechselvorgängen. (Ganz einfach ausgedrückt, versteht man unter einem Ion den Zustand eines Elements, den es beispielsweise im Körper hat.) Mineralisches Kalzium kommt in Zähnen und Knochen vor. Aber auch Eisen, Aluminium, Kobalt und andere Mineralien werden als so genannte Spurenelemente benötigt, damit der Körper beispielsweise Blut bilden, Nahrung verdauen oder neue Zellen aufbauen

Abb. 42: Die Zähne eines Seeigels sind ebenfalls aus Mineralien. Diese im Meer lebenden «Stacheltiere», die mit den Seesternen verwandt sind, raspeln Algen von Steinen und Felsen ab.

kann. Viele Mineralien tauchen in deinem Alltag auf, ohne dass es dir vielleicht bewusst ist: Schulkreide, Zement und Mörtel bestehen aus Kalk. Zum Backen werden Mineralverbindungen wie Backpulver (oder doppelt kohlensaures Natron) sowie Hirschhornsalz verwendet. Diese zerfallen beim Erhitzen und setzen gasförmiges Kohlendioxid frei, das den Teig aufgehen lässt. In Bleistiften befand sich früher Graphit, eine weiche Form des Kohlenstoffs (eine andere harte Form ist der Diamant). Gebrannter Gips besteht aus Kalziumsulfat und wird zum Schienen von Knochenbrüchen oder für Stuckarbeiten verwendet. In manchen Badezimmern findest du *Alaun*, einen aluminiumhaltigen Kristall, mit dem man Blutungen stillen kann (falls sich dein Vater beim Rasieren geschnitten hat). Manche Leute verwenden Bimsstein, um sich die Hornhaut an Händen und Füßen abzurubbeln. Bimsstein entsteht bei Vulkanausbrüchen und ist nichts anderes als erstarrte Lava mit zahlreichen eingeschlossenen Luft- und Gasbläschen. Deshalb kann Bimsstein auch schwimmen.

Zahlen & Rekorde

Der König der Diamanten

Mit fast 600 Gramm Gewicht und einem Durchmesser von 2,5 Zentimetern ist der so genannte Cullinan-Diamant der größte Rohdiamant, den man je gefunden hat. Wahrscheinlich wurde er 1905 in einer südafrikanischen Diamantenmine gefunden, genau weiß man das aber nicht. Der Cullinan-Diamant wurde zu 105 geschliffenen Diamanten verarbeitet, darunter der so genannte Stern von Afrika. Dieser ist der größte verarbeitete Diamant, den man kennt.

Wo finde ich das Material?

Kochsalz gibt es in jedem Supermarkt. In der Natur findest du Salz am Strand, wo es schmutzig graue Kristallflocken bildet. In größeren Mengen wird Salz in so genannten Salinen gewonnen – flachen Meeresbuchten oder künstlich angelegten Salzseen, in denen die Sonne das Wasser verdunsten lässt und das Salz zurückbleibt.

Steckbrief

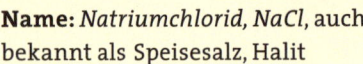

Gesucht:
Das Kochsalz

Name: *Natriumchlorid, NaCl*, auch bekannt als Speisesalz, Halit

Fundort: Gelöst in Meerwasser, in fester Form (kristallin) in Bergwerken.

Besondere Kennzeichen: Kochsalz entsteht aus den chemischen Elementen Natrium, einem an Luft leicht entzündlichen Halbmetall, und Chlor, einem grünen, stechend riechenden und giftigen Gas. In fester Form bildet Kochsalz weißlich graue, matt glänzende Kristalle. Die größten Mengen an Natriumchlorid enthalten die Meere und Ozeane. Deshalb kommt es in größerer Menge nur an den Küsten vor. Weil der Mensch aber Salz benötigt, um leben zu können, ist Kochsalz schon seit Anbeginn der Menschheit ein begehrtes Gut. Der Salzhandel dürfte die erste Form des Tauschhandels gewesen sein, und es ziehen auch heute noch Salzkarawanen durch die Wüste Sahara. Wahrscheinlich war Salz auch vor Gold und Silber das erste Zahlungsmittel. Selbst heute ist in manchen Ländern (z. B. in Italien) der Salzhandel ein Vorrecht der Regierung, sodass man dort Salz nur in bestimmten Läden kaufen kann.

Ausrüstung für deine Mikroskopier-Expedition

1 kleines Marmeladenglas, Objektträger, Deckgläschen, 1 Pipette

1. Gib 2–3 Esslöffel Salz in ein kleines Marmeladenglas und fülle es halb mit warmem Wasser. Schraube das Glas zu und schüttele alles, bis sich das Salz vollständig aufgelöst hat.
2. Träufele nun einen Tropfen Salzlösung auf den Objektträger und lege ihn anschließend auf die Heizung. Stülpe eine Untertasse oder Tasse darüber, damit der Objektträger nicht verstaubt.

Abb. 43: Salzkristalle, die aus einer Lösung kristallisiert wurden, sind kleiner und scharfkantiger als diejenigen, aus denen die Lösung hergestellt wurde.

3. Wenn alles Wasser verdunstet ist, bleibt ein weiß-graues Belag zurück.
4. Lege den Objektträger unters Mikroskop und betrachte ihn unter Auflicht.
5. Streu ein paar Salzkörner aus dem Salzstreuer auf einen anderen Objektträger und vergleiche beide Kristalle.

Was du unter der Lupe und im Mikroskop sehen kannst

Die Kristalle, die aus der Lösung kristallisiert sind, haben scharfe Kanten und regelmäßige rechteckige Seiten, die unbehandelten Körnchen sind hingegen rund. Kochsalz wird heute bei der Herstellung poliert, damit es besser aus dem Streuer rieseln kann. Das unkristallisierte Salz besteht zudem aus kleineren Kristallen.

> **Berühmte Leute**
>
> ### Hart wie Stahl oder wie Diamant?
>
> Der deutsche Mineraloge **Friedrich Mohs** (1773 bis 1839) entwarf 1812 eine 10-teilige Skala, um die Härte von Mineralien zu bewerten. Jedes Mineral auf dieser Skala kann nur solche ritzen, die unter ihm stehen. Das härteste Mineral ist Diamant (mit dem Wert 10), gefolgt von Korund, Topas, Feldspat, Apatit, Fluorit und Kalkspat *(Calcit)*. Die weichsten Mineralien sind Gips und Talk. Diese Mohs'sche Härteskala gilt auch heute noch.

Abb. 44: Die würfelförmigen, goldglänzenden Pyrite bestehen zwar aus Eisensulfid, glänzen aber fast wie Gold. Dieser metallische Glanz hat ihnen den Namen «Narrengold» eingebracht, weil Pyrite im Gegensatz zu Gold wertlos sind.

Die stille Welt der Kristalle

Nachgefragt

Glas und Diamant – was haben sie gemeinsam?

Obwohl sich Glas und Diamant äußerlich sehr ähnlich sehen, sind sie in ihrem Feinbau völlig verschieden. Diamant zeigt ein festes Kristallgitter. Glas hingegen, das aus Siliziumdioxidteilchen besteht (diese Teilchen werden als Moleküle bezeichnet), bildet kein Gitter aus. Die Chemiker nennen es daher auch eine «flüssige Schmelze», denn die Moleküle sind im Glas ungeordnet wie in einer Flüssigkeit.

Tipps für weitere Fundorte

Andere Kristalle im Haushalt sind Zuckerkristalle. Hier kannst du beispielsweise Puderzucker und grobkörnigen Zucker miteinander vergleichen. Stelle auch hier einmal eine Zuckerlösung her und vergleiche sie nach dem Umkristallieren mit den ursprünglichen Kristallen. Mineralien kannst du dir auch unter dem Durchlichtmikroskop anschauen, jedoch müssen die Gesteinsproben dazu hauchdünn geschliffen werden. Dazu brauchst du spezielles Werkzeug, viel Zeit und außerdem ist das eine sehr mühselige Arbeit.

Doch jetzt ist erst einmal Schluss mit dem Experimentieren! Auf den nächsten Expeditionen erfährst du, wo du im Haushalt überall Material finden kannst, das sich mikroskopieren lässt.

Zu Hause neu entdeckt – Proben aus Küche und Bad

Da der menschliche Körper – und auch unsere Haustiere – täglich Haare und Hautpartikel abstößt, ist es nicht verwunderlich, wenn wir im Haushalt auf Haare stoßen. Auch wenn wir etwas mit den Händen berühren, hinterlassen wir stumme Zeugen – unsere Fingerabdrücke. Da diese bei jedem Menschen, sogar bei eineiigen Zwillingen, individuell verschieden sind, kann man sie als exklusive «lebendige Personalausweise» verwenden – was in der Kriminalforschung ja auch gemacht wird. Auf unserer nächsten Expedition wollen wir also einmal bekanntes Gelände, nämlich dein Zuhause, nach unbekannten, neuen Objekten durchkämmen.

Zahlen & Rekorde

Haarige Sachen

Da die meisten Männer hierzlande sich regelmäßig die Haare schneiden lassen und ihren Bart stutzen oder sich rasieren, werden sie wohl kaum folgende Rekorde aufbieten können: Den über 5 Meter langen Bart eines aus Norwegen stammenden US-Bürgers oder den über 3 Meter langen Schnurrbart eines Inders kann wohl kaum jemand überbieten. Indien scheint eh ein Land zu sein, wo die Haare gut wachsen: Ein indischer Guru aus Madras besaß das längste Haar, das etwa 7,9 Meter lang war.

Mit Haut und Haaren

Die Haut überzieht den Körper wie eine schützende Hülle. Außen besteht sie aus der Oberhaut, die man noch einmal in einen lebenden, inneren und einen abgestorbenen, äußeren Teil (Hornhaut) unterscheidet; der innere Hautabschnitt, in dem Drüsen und Haare liegen, wird als Lederhaut bezeichnet.

Die Haut hat wichtige Aufgaben. Zunächst einmal schützt sie den Körper: Da die Hornhaut nicht mehr durchblutet ist, führen kleine Verletzungen nicht sofort zu großen Blutungen. Besondere Verdickungen, die Hornschwielen, an Füßen und Händen verhindern ebenfalls Verletzungen. Schweißdrüsen, die es nur bei Säugetieren gibt, sorgen dafür, dass Abfallstoffe ausgeschwitzt werden,

Steckbrief

Gesucht: Die Kopflaus

Name: *Pediculus capitis*

Fundort: Auf dem Kopfhaar von Menschen.

Besondere Kennzeichen: Kleines, 1 bis 4,5 Millimeter langes, blassgraues Insekt, das keine Flügel, einen platten Körper und stark zurückgebildete Komplexaugen hat. Die Laus lebt als Außenparasit auf dem Kopf von Menschen. Dort klammert sie sich in den Haaren fest und saugt Blut; dieses Saugen, das 8 bis 15 Minuten dauern kann, führt zu starkem Juckreiz. Die Eier, die so genannten Nissen, werden mit einer Art Kitt ebenfalls an den Haaren festgeklebt. Nach dem Schlüpfen entwickeln sich die Larven in etwa acht Tagen zu ausgewachsenen Läusen, die 3 bis 4 Wochen alt werden können. Kopflausbefall entsteht in der Regel unter schlechten hygienischen Bedingungen. Doch Vorsicht: Da sich Kopfläuse durch normales Waschen nicht entfernen lassen, fühlen sie sich besonders bei Leuten wohl, die eine schöne saubere Kopfhaut haben. Kinder, die zusammen spielen, können sich «Läuse voneinander holen».

---

und zudem wirkt der verdunstende Schweiß bei großer Hitze abkühlend. Auch die Blutgefäße in der Haut wirken wärmeregulierend. Bei intensiver Sonnenstrahlung bildet sich in der Haut ein dunkler Farbstoff. Diese Bräunung schützt uns vor schädlicher UV-Strahlung. Darüber hinaus befinden sich in der Haut zahlreiche Sinnesorgane, die uns Wärme, Kälte und Schmerz verspüren lassen. Insbesondere in den Fingerspitzen sitzen viele dieser Tastsinnesorgane.

Auch die Körperbehaarung ist ein typisches Merkmal der Säugetiere, und sie bietet ihnen viele Vorteile: Zum einen schützt ein dickes Fell die Haut vor Wind, Sonnenbrand und kleinen Verletzungen. Im Allgemeinen isoliert die Behaarung den Körper gut gegen Kälte – nur bei uns «haarlosen Menschenaffen» wirkt das nicht mehr so gut, weshalb wir uns mit «künstlichem Fell» in Form von Kleidung behelfen müssen.

Haare sind im Grunde genommen Hornbildungen – sie sind also aus dem gleichen Material wie Zehennägel, Hufe, Hörner und Geweihe. Sie entstehen aus Oberhautzellen, die in die Lederhaut eindringen. Aus der Haut heraus ragt der Haarschaft, während der in der Haut versenkte Abschnitt als Haarwurzel bezeichnet wird. An dieser setzen Haarmuskeln an, die das Haar aufrichten – das passiert beispielsweise, wenn du eine Gänsehaut bekommst. An den Haaren münden auch Talgdrüsen, deren fettiger Inhalt die Haut «eincremt» und geschmeidig halten soll. Bei zu starker Reizung (durch zu häufiges Waschen des Kopfhaars oder bei Verwendung eines scharfen Shampoos) bilden die Talgdrüsen zu viel Talg, und das Haar wird fettig.

Wo finde ich das Material?

Du kannst dir natürlich ein Haar auszupfen, was etwas schmerzhaft ist. Sieh vorher einmal auf dem Kragen von Mänteln, Pullovern, Hemden oder Jacken nach. Da der Körper ständig Haare verliert, dürftest du dort immer fündig werden. Auch an Kämmen oder Bürsten wirst du Erfolg haben. Die Haare der Augenbrauen lassen sich recht schmerzlos herauszupfen.

Wenn du Haare von Tieren haben möchtest, dann brauchst du nur mal Hund oder Katze kräftig zu bürsten, und schon hast du eine Haarprobe dieser Tiere. Hundekämme, Pferdestriegel, das Katzenkörbchen oder eine Hundedecke dürften ebenfalls ergiebige Fundorte für Tierhaare sein. Schafhaare findest du in Pullovern, Schals oder Mützen aus reiner Wolle. Rasierpinsel und fei-

Abb. 45: Eisbär
Die Haare eines Eisbären wären sicherlich sehr interessante Mikroskopierobjekte: Sie sind nämlich hohl. Diese besondere Haarstruktur schützt den Eisbären davor zu frieren, da die hohlen Haare eine wirksame Isolierschicht bilden.

ne Pinsel für Aquarellmalereien werden aus den Haaren von Dachsen oder Mardern angefertigt

Fingerabdrücke findest du am besten dort, wo Gegenstände öfters berührt werden – auf Lichtschaltern, an Türgriffen und Fenstern oder auf dem Lautstärkeregler des CD-Players. Auch auf glatten oder polierten Flächen (Schranktüren, Fensterscheiben, Badezimmerkacheln) wirst du leicht fündig.

Ausrüstung für deine Mikroskopier-Expedition

Objektträger, Tesaband, Deckgläschen, 1 Stempelkissen, Talkum (Puder) bzw. Graphitpuder (kannst du dir aus fein zerkleinerten Bleistiftminen herstellen), 1 weicher Pinsel

1. Nimm das Haar und klebe es mit Tesaband an beiden Enden auf einen Objektträger.
2. Du kannst dein Präparat nun direkt unters Mikroskop legen oder erst – wie gehabt – Wasser und Deckglas darauf legen und anschließend das Ganze mikroskopieren.
3. Um Fingerabdrücke anschauen zu können, rollst du deinen Finger auf dem Stempelkissen hin und her. Drücke anschließend deinen Finger auf einen Objektträger.
4. Du kannst natürlich auch ein Album mit den Fingerabdrücken deiner Familie und Freunde anlegen. Dazu benötigst du ein sauberes Heft, drückst jede einzelne Fingerkuppe auf die Stempelfarbe und machst dann insgesamt zehn Abdrücke auf eine Seite. Vergiss nicht dazuzuschreiben, von wem diese Abdrücke stammen. Auf diese Weise kann eine beachtliche Sammlung zusammenkommen.
5. Wenn du Fingerabdrücke im Haus suchst, solltest du die fraglichen Stellen mit der Lupe absuchen. Wenn du einen Abdruck entdeckt hast, streue etwas Puder oder Graphitpulver auf die fraglichen Stellen. Ist der Abdruck auf einer hellen Oberfläche, dann verwendest du Graphit, auf dunklen Flächen hingegen das weiße Talkum.

6. Verteile das Pulver behutsam mit dem Pinsel auf der Abdruckstelle und puste überflüssigen Puder vorsichtig weg. Der Abdruck ist jetzt deutlich zu erkennen.
7. Nimm einen breiten Streifen Tesa und klebe ihn darüber. Reibe nun mit dem Daumen oder einem Radiergummi über den Streifen und ziehe ihn behutsam ab. Der Fingerabdruck ist nun auf dem Tesastreifen zu sehen.
8. Nun kannst du den Streifen auf einen Objektträger kleben. Denk daran, die Pulverreste wegzuwischen, da sich sonst daran jemand die Kleidung beschmutzen könnte.
9. Vergleiche die Abdrücke mit denen in deinem Album. Du kannst den Objektträger mit deinem «unbekannten» Abdruck über die von Familienmitgliedern, Freunden und Bekannten legen, um zu erfahren, wer ihn hinterlassen hast. Abdrücke, bei denen du weißes Talkum verwendet hast, musst du natürlich gegen einen dunklen Hintergrund anschauen, sonst wirst du nicht viel erkennen.

Berühmte Leute

Die Begründer der *Daktyloskopie*

Fingerabdrücke auf antiken Tongefäßen brachten 1880 den schottischen Arzt **Henry Faulds** auf die Idee, mit diesen Abdrücken Personen zu identifizieren. Der gleiche Gedanke kam acht Jahre später dem Tierarzt **Wilhelm Ebner**, aber erst 1896 führte der britische Kriminalexperte **Sir Edward Henry** die *Daktyloskopie* – das Fingerabdruckverfahren – in seiner Heimat als System zur Ermittlung von Verbrechern ein. Bereits vier Jahre zuvor war in Argentinien ein Mordfall anhand von Fingerabdrücken geklärt worden.

Abb. 46: Erstmalig in der Kriminalgeschichte half im Jahre 1892 der Abdruck eines Daumens einen Mord aufzuklären.

Was du unter der Lupe und im Mikroskop sehen kannst

Bei hoher Auflösung kannst du unter dem Mikroskop feststellen, dass die Haare aus einzelnen, wie Dachziegel aneinander liegenden, flachen Hornzellen der Oberhaut bestehen. Diese Feinstruktur fällt bei Menschen-, Katzen- und Schafshaaren natürlich anders aus. Probier einmal selbst, die Unterschiede zwischen den Haaren zu erkennen. Menschliche Kopfhaare sind übrigens etwa ein zehntel Millimeter dick, die Haare der Augenbrauen sind dicker.

Die Fingerabdrücke kannst du dir am besten unter der Lupe anschauen, da sie für das Mikroskop schon zu groß sind. Die einzelnen Abdrücke lassen sehr schön erkennen, welche vielfältigen Muster es hier gibt. Mal sind die Linien der Fingerkuppen (Fingerbeeren) gebogen, mal geschwungen oder verwirbelt, es gibt Dreiecke, Gabelungen und Inseln.

Weitere Proben aus dem Haushalt

Fische sind zwar nicht gerade Lebewesen, die normalerweise im Haus vorkommen (sofern du kein Aquarium besitzt), aber dennoch kannst du ihre Schuppen im Haus finden, beispielsweise, wenn deine Mutter frischen Fisch auf dem Markt gekauft und in der Küche gesäubert hat. Da Fischschuppen unter dem Mikroskop wunderschön anzusehen sind, wollen wir sie im folgenden Experiment etwas genauer betrachten.

Fischschuppen

Fischschuppen sind sozusagen platte Verknöcherungen in der Oberhaut des Fisches, die seinen Körper vor Verletzungen schützen. Bei Fischen und Lurchen der Urzeit bildeten diese Schuppen einen mächtigen Hautpanzer, so wie er in etwa bei heutigen

Schildkröten noch vorkommt. Die Schuppen sind in taschenförmigen Vertiefungen der Unterhaut (Lederhaut) verankert und liegen wie Dachziegel übereinander. Diese Anordnung wölbt die Haut in gleichmäßigen Abständen auf und verleiht ihr ein wabenförmiges Aussehen. Der Rand einer Schuppe ragt stets in die Oberhaut hinein und ist entweder glatt gerundet oder wie ein Sägeblatt fein gezähnt. Schuppen mit glattem Rand nennt man Rundschuppen, solche mit gesägtem Rand Kammschuppen.

Bei den meisten heimischen Fischen wie Karpfen und Forelle sind die Schuppen groß und mit bloßem Auge gut erkennbar. Beim Aal hingegen kannst du sie ohne Mikroskop gar nicht erkennen. Anderen Fischen, wie dem Wels, fehlen die Schuppen vollständig. Hier wird der Körper durch eine dicke Schleimschicht geschützt. Generell sorgen Schleimzellen in der Oberhaut dafür, dass die Schuppen feucht und elastisch bleiben.

Wenn du irgendwann einmal im Mittelmeer oder in der Karibik geschnorchelt hast oder ein eigenes Aquarium besitzt, dann weißt du, dass sehr viele Fische wunderbar gefärbt sind. Diese Farbigkeit kommt durch bestimmte Farbstoffe (Pigmente) zustande, die in speziellen Pigmentzellen *(Chromatophoren)* in der Lederhaut verteilt sind. Je nach Farbstoff unterscheidet man Schwarz-, Rot- und Gelbzellen, außerdem gibt es farblose Glanzzellen, die winzige Kristalle enthalten, die das einfallende Licht ablenken. Viele Fische können übrigens diese Farbstoffe in den Schuppen «wandern» lassen, das heißt, sie sind da-

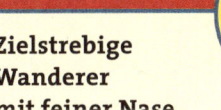

Zahlen & Rekorde

Zielstrebige Wanderer mit feiner Nase

Zwischen Oktober und Januar kehren die Lachse zielsicher zum Laichen, das heißt zur Eiablage, in ihre Heimatgewässer zurück. Sie erkennen ihren Fluss offenbar am Geruch, den sie sich während einer kurzen Zeit ihrer Jugend unauslöschlich eingeprägt haben. Dabei orientieren sie sich – ähnlich wie Zugvögel – über eine Art «inneren Kompass» am Erdmagnetfeld. Auf ihrer Wanderung können Lachse auch Hindernisse wie kleine Wasserfälle oder Staustufen mühelos überwinden, da sie – angetrieben durch einen kräftigen Schwanzschlag – bis zu fünf Meter weit und bis zu drei Meter hoch springen können. In den kühlen, klaren Bächen des Oberlaufs heben die Weibchen im Kiesgrund eine flache Grube aus, in die sie zwischen 10 000 und 30 000, etwa 5 – 7 Millimeter große Eier legen und danach wieder mit Kies bedecken. Anschließend sterben die meisten Elterntiere ab, und nur etwa 1 % kehrt wieder ins Meer zurück.

Steckbrief

Gesucht: Der Atlantische Lachs

Name: *Salmo salar*, auch bekannt als Salm, Lass, Randel

Fundort: Lachse leben im Nordatlantik, in Nord- und Ostsee und in jenen Strömen, die in diese Meere münden. Jungfische schlüpfen im Oberlauf der Flüsse, verbringen dort meist ein bis zwei Jahre und wandern als silbrige «Smolts» ins Meer hinab. Dort verbringen sie weitere zwei bis sechs Jahre, ehe sie zum Ablaichen in ihre Heimat zurückkehren.

Besondere Kennzeichen: Lang gestreckter, kräftiger Körper mit recht kleinem, spitzschnauzigem Kopf, grau-bläulichem Rücken, hellgrauen, teilweise schwarz gepunkteten Flanken, silberweißem Bauch und schlankem Schwanzstiel. Dieser größte heimische Vertreter der Forellen und Lachse ist ein Wanderfisch, der sich im Oberlauf der Flüsse und Bäche vermehrt, als Jungfisch ins Meer hinabwandert und dort mehrere Jahre bis zur Geschlechtsreife heranwächst. Im Süßwasser ernähren sich die Junglachse von Wasserinsekten, Krebstierchen und Kleinfischen (manchmal auch jüngeren Artgenossen). Im Meer fressen sie Fische und Garnelen.

---

durch in der Lage, ihre Farbe zu wechseln oder ganz farblos zu werden. Auf diese Weise können sie sich gut tarnen. Zur Zeit der Paarung und Eiablage (Laichzeit) sind die Männchen einiger Fischarten besonders bunt gefärbt; dieses Hochzeitskleid verschwindet anschließend aber wieder. Lachsweibchen haben in dieser Zeit dann rote und schwarze Flecken, während der Bauch der Männchen rot ist.

Während ein Fisch wächst, werden auch seine Schuppen größer: Ähnlich wie Bäume bilden sie am Rand Jahresringe, sodass du anhand der Anzahl dieser kreisförmig geschichteten Ringe auf einer Schuppe erkennen kannst, wie alt der Fisch ist.

Wo finde ich das Material?

Lachsschuppen bekommst du am einfachsten beim Fischhändler auf dem Markt oder in Fachgeschäften. Dort gibt es sicherlich auch Schuppen anderer Fische, wie z. B. von Forellen, Schollen und Karpfen, aber auch vom Seeteufel, Hecht oder Dorsch. Lass dir ruhig mehrere geben und vergleiche sie miteinander – etwa ob es sich um Rund- oder Kammschuppen handelt. Ansonsten frage deine Mutter, wenn sie frischen Fisch gekauft hat, ob du dir ein paar Schuppen abzupfen kannst.

Fischschuppen trocknen schnell aus, sie werden dann hornig-milchig, und du kannst nicht mehr hindurchschauen. Daher musst du sie bis zur Untersuchung gut feucht halten. Wickle sie zum Transport in feuchtes Krepppapier oder in ein nasses Papiertaschentuch ein.

Ausrüstung für deine Mikroskopier-Expedition

1 Tropfpipette, Objektträger, Glyzerin,
1 Pinzette

1. Lege eine Lachsschuppe mit der Pinzette auf einen Objektträger.
2. Träufele etwas Glyzerin (anstelle von Wasser) auf die Schuppe, damit sie nicht austrocknet. (Glyzerin verdunstet unter dem Licht der Mikroskopier- oder Lupenlampe nicht so schnell wie Wasser.)

Abb. 47: Die Bachforelle *(Salmo trutta)* ist ein kleinerer Verwandter des Lachses, lebt im Gegensatz zu ihm aber ausschließlich im Süßwasser. Sie bevorzugt kühle, klare und sauerstoffreiche Gebirgsbäche, Flüsse und Seen, in denen sie sich von Wasserinsekten und Kleinkrebsen ernährt.

> **Nachgefragt**
>
> **Was verbindet Haie und Surfbretter?**
>
> Obwohl jeder Wellen- und Windsurfer sich sicherlich vor Haien in Acht nehmen muss, profitieren viele von diesen Räubern der Meere, ohne es wahrscheinlich zu wissen. Denn auch Haie sind ja Fische, und die haben bekanntlich Schuppen. Bei den Haien sind diese aber so klein und spezialisiert, dass eine Haihaut sich wie feines Schmirgelpapier anfühlt. Der Bau der Haischuppen bewirkt nämlich, dass die Tiere ohne großen Strömungswiderstand mit hoher Geschwindigkeit durchs Wasser gleiten können. Diese Eigenschaft haben sich die Hersteller von Surfbrettern und Segeljachten zunutze gemacht und bei deren Konstruktion berücksichtigt – mit dem Erfolg, dass Surfer und Segler nun reibungsloser und schneller durchs Wasser gleiten können.

Was du unter der Lupe und im Mikroskop sehen kannst

Wie du siehst, verlaufen um das Schuppenzentrum herum kreisförmige Ringleisten. Das Zentrum befindet sich nicht genau in der Mitte der Schuppe, sondern an der Grenze zwischen sichtbarem und unsichtbarem, in der Haut versenktem Schuppenabschnitt. Gut zu erkennen sind auch die einzelnen, etwas dickeren Jahresringe sowie die Schuppenfurchen, die strahlenförmig vom Zentrum aus zum Rand der Schuppe laufen.

Tipps für weitere Fundorte

Außer den hier vorgestellten Beispielen wirst du noch viel mehr Material in deiner häuslichen Umgebung finden, das du anschließend unter dem Mikroskop betrachten kannst: Lege zum Vergleich einmal Kunstfasern aus Teppichen, Socken oder Pullis unter das Mikroskop. Zupfe vorsichtig ein paar Fasern aus einem Wollschal oder Baumwollpullover und lege sie unter das Mikroskop, dann erkennst du mögliche Unterschiede zwischen Tier- und Pflanzenfasern. Mache dasselbe mit einem Zwirnsfaden und einem Seidenfaden. Reiße eine Ecke von einer alten Zeitung ab und betrachte sie unter der Lupe. Achte dabei auch auf die Unterschiede in der Auflösung von gerasterten Bildern und Schrifttypen. In einer Staubprobe wirst du neben Papier- und Stofffasern, Rußteilchen, Staubkörnern und abgestorbenen Hautschuppen vielleicht sogar kleine, unauffällige Tierchen entdecken: die Hausstaubmilben, die von Haar- und Hautresten leben und bei manchen Menschen heftige Allergien auslösen. Vielleicht siehst du in einer Ecke ja auch eine «Staubmaus» oder ein altes Spinnennetz ... du siehst, du kannst die Tour der kleinsten Dinge bei dir zu Hause beliebig fortsetzen.

Aber jetzt wollen wir eine Expedition vorbereiten, die dich nach draußen, in die Natur bringt ... direkt vor die Haustür.

Abb. 48: Deutlich erkennt man bei dieser Schuppe, dass es sich um eine Kammschuppe handelt – derjenige Randbereich, mit dem die Schuppe in der Lederhaut festsitzt, ist fein gekämmt oder gesägt, die Zähnchen verlaufen auch auf der Innenseite dieses «Kamms».

Unbekannte Welt – was für Proben gibt es im Freiland?

Nachdem du jetzt einiges von dem, was du bei dir zu Hause finden kannst, untersucht hast, soll die nächste Expedition nach draußen gehen. Sicherlich hast du längst bemerkt, dass keine langen Autofahrten nötig sind, um an Material fürs Mikroskopieren zu gelangen. Manches liegt direkt auf der Straße – etwa ein abgefallenes Blatt oder eine Feder, die eine Taube verloren hat. Anderes musst du schon mit etwas mehr Aufwand suchen. So auch die folgenden Tiere, über die man ohne Mikroskop sicherlich kaum etwas wüsste – die Bärtierchen.

Lebende Gummibärchen

Die winzigen Bärtierchen, von den Biologen *Tardigrada* genannt, erinnern stark an lebende Gummibärchen. (*Tardigrada* ist lateinisch-griechisch und bedeutet «*die langsam Schreitenden*».) Erdgeschichtlich sind sie schon recht alt, denn ihr 5–6 cm großer

Abb. 49: Bärtierchen findest du praktisch überall: im Meer, unter dickem Gletschereis, im Hochgebirge, in heißen Quellen, in Wald und Flur – und natürlich auch direkt vor deiner Haustür!

Vorfahre ist bereits im Kambrium, also vor zirka 570 Millionen Jahren, in den Weltmeeren umhergewuselt. Bärtierchen haben vier meist krallenbewehrte Stummelbeinpaare und sind wie Insekten, Spinnen und Krebse von einem elastischen, chitinhaltigen Panzer, der *Kutikula*, umgeben. Sie leben überwiegend in Moos- oder Flechtenpolstern und ernähren sich von Pflanzensäften, an die sie durch Anstechen der Pflanze mit ihrem Stilett, das aus einem Kalkstachel in der Mundhöhle besteht, gelangen.

Wie alle Tiere mit einer Kutikula müssen sich auch die Bärtierchen mehrfach in ihrem Leben häuten. Dabei legen die Weibchen ihre Eier gleich mit in der abgestreiften Hülle ab, und diese werden dann von den Männchen befruchtet.

Bärtierchen mögen es zwar gerne feucht, sind jedoch äußerst anpassungsfähig, wenn es gilt, längere Trockenzeiten zu überstehen. Wenn die Feuchtigkeit in ihrer Umgebung abnimmt, rollen sie sich einfach zu einem «Tönnchen» zusammen und verharren so «ausgetrocknet» jahrzehntelang in einer Art Schlafzustand. Beim ersten Kontakt mit Wasser quellen sie innerhalb kürzester Zeit auf und bewegen sich schon bald wieder munter umher (siehe dazu auch den Abschnitt «Leben aus dem Trockendock»).

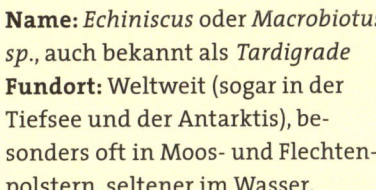

Steckbrief

Gesucht:
Das Bärtierchen

Name: *Echiniscus* oder *Macrobiotus sp.*, auch bekannt als *Tardigrade*
Fundort: Weltweit (sogar in der Tiefsee und der Antarktis), besonders oft in Moos- und Flechtenpolstern, seltener im Wasser.

Besondere Kennzeichen: Die durchsichtigen Bärtierchen sind oft gelb, grün, dunkelrot oder braun gefärbt. Deutlich erkennst du ihre Gliederung in Kopf und vier Körperabschnitte (Segmente) mit jeweils einem Beinpaar pro Segment. Arten, die im Wasser leben, sind wesentlich kleiner als Moosbewohner. Zwischen Männchen und Weibchen erkennt man keine Unterschiede.

Wo finde ich das Material?

Am besten sammelst du Moospolster von Felswänden, gekalkten Mauern und Dachziegeln; Bärtierchen benötigen nämlich den Kalk, damit sich ihr abgenutztes Stilett wieder erholen kann. Moospolster von Felsen und Mauern enthalten meist mehr Tardi-

> **Berühmte Leute**
>
> **Erster Tardigraden-Entdecker**
>
> Die erste veröffentlichte Abbildung eines Bärtierchens stammt von einem Pfarrer aus Quedlinburg, der das Tierchen bereits im Jahre 1773 gezeichnet hat.

graden als solche vom Waldboden. Gelegentlich findest du die Tierchen auch in abgestandenen Weihern oder Moorwasserpfützen. Verschimmelte und muffig riechende Polster brauchst du dagegen nicht zu nehmen, da sich auch Bärtierchen nicht in solchen Lebensräumen aufhalten. Wer mag schon gerne Bakterien und Pilze als Nachbarn?

Ausrüstung für deine Mikroskopier-Expedition

1 flache Glasschale (oder Petrischale, falls vorhanden),
1 Tropfpipette, Objektträger, Deckgläschen, 1 Lupe

1. Nimm einen kleinen Ballen des gesammelten Mooses, der gerade noch in die Glasschale passt.
2. Streife lockere Erdklümpchen, Sand und andere Fremdteile ab. Erschrick nicht, wenn dir dabei eine Assel oder kleine Spinne entgegenläuft – die leben hier auch!
3. Nun legst du den Moosballen mit der grünen Seite nach unten in die Schale. Gieße anschließend so viel Wasser hinzu, bis der Ballen gut vollgesogen ist. Auf jeden Fall muss der Boden der Schale etwa einen halben Zentimeter mit Wasser gefüllt sein.
4. Lass die Schale nun mehrere Stunden oder über Nacht stehen.
5. Jetzt kannst du das Moos herausnehmen und in der Schale mit der Lupe nach Bärtierchen suchen. Lege vorher ein Stück schwarze Pappe oder Papier unter die Schale und lass das Licht schräg von der Seite einfallen.
6. Wenn du ein Bärtierchen gefunden hast, kannst du es mit der Tropfpipette herausfischen und unter dem Mikroskop genauer betrachten. Überführe es auf einen Objektträger.
7. Wenn du ein stärkeres Objektiv (20fache Vergrößerung und höher) verwendest, musst du dir ein Deckglas mit Abstandshalter basteln, wie du das vom Polypen bereits kennst.

Was du unter der Lupe und im Mikroskop sehen kannst

Wenn du erst einmal einen Blick für die Bärtierchen bekommen hast, wirst du immer wieder welche finden. Meist sind sie durchsichtig und bräunlich gefärbt.

Vielleicht gerät dir ja der 0,5 mm große «Klops» *Macrobiotus spec.* unter die Lupe. Oder vielleicht sogar ein viel kleineres, ziegelrot gefärbtes *Echiniscus*-Bärtierchen? Die kurzen Stummelfüßchen werden mitunter vom Körper verdeckt. Manchmal klammern sich die Bärtierchen auch an kleine Erdklümpchen und Pflanzenteile.

Mit Hilfe von Spezialmikroskopen, so genannten Polarisationsmikroskopen, kann man auch die *Stilette*, das sind die «Zähne» der Bärtierchen, erkennen, mit denen Pflanzen angestochen und ausgesaugt werden.

Und noch ein Tipp

Wenn du deine Bärtierchen nach dem Mikroskopieren nicht lieblos in den Abfluss kippen möchtest, kannst du dir aus einem alten, sauberen Gurkenglas ein Terrarium bauen. Gib etwas Sand und Ziegelscherben in das Glas, setze danach Moos und ein Stückchen modrige Rinde hinein – und fertig. Nun können deine Tardigraden weiterleben, und du hast immer «Lebendpräparate» zum Mikroskopieren. Achte darauf, das Moos regelmäßig mit einer Sprühflasche feucht zu halten, und stelle das Glas in einer kühlen, dunklen Ecke des Kellers ab.

Noch mehr Proben von der Straße …

Wenn du durch die Straßen gehst, wirst du bestimmt schon einmal auf eine Vogelfeder gestoßen sein. In der Stadt stammen solche Federn oft von verwilderten Haustauben.

Federn – für gute Flieger einfach unentbehrlich

Zwar gibt es eine Reihe von Tieren, die keine Vögel sind und trotzdem fliegen können, etwa Gleithörnchen, Flugfrösche und Flugdrachen (eine asiatische Eidechsenart). Um sich im Lebensraum Luft jedoch erfolgreich behaupten zu können, braucht ein Tier speziell angepasste Körperteile, die Flügel. Diese können Hautflügel sein, wie etwa bei Fluginsekten und Fledermäusen, oder aber mit Federn besetzt sein, wie bei den vielen Vogelarten dieser Welt.

Sicherlich können sich Libellen, Fliegen, Bienen und Fledermäuse sehr effizient durch die Luft bewegen – die elegantesten Flugtiere sind aber eindeutig die Vögel. Das verdanken sie ihren Federn. Man kennt zwei Formen von Federn, die im Wesentlichen gleich gebaut sind: Kleine, weiche, flauschige Federn – die Dunen – bilden das Unterkleid des Gefieders, und über ihnen liegen die Kontur- oder Deckfedern.

Deckfedern sind die entscheidende Anpassung der Vögel, den Luftwiderstand optimal zum Fliegen zu nutzen. Um dies näher zu erläutern, musst du dir Folgendes vorstellen: Nimm eine Frisbee-Scheibe und ein gleich großes Küchensieb und wedele beide auf und ab. Sicher fällt dir auf, dass das Fächeln mit der Frisbee-Scheibe viel anstrengender ist als mit dem Sieb. Das Sieb lässt nämlich fast die ganze Luft hindurch und bietet kaum Widerstand, die Frisbee-Scheibe ist dagegen nicht luftdurchlässig.

Abb. 50: Federn bestehen wie die Haare der Säugetiere und die Schuppen von Fischen und Reptilien aus Horn. Im Schema erkennst du den Aufbau einer Schwungfeder (so nennt man eine kräftigere Deckfeder). In der Mitte: der Federkiel mit langem Schaft und kurzer «Seele», dann die Federfahne mit den Schäften.

Dementsprechend ist der Luftwiderstand sehr hoch.

Bei einem Vogelflügel werden diese beiden Effekte miteinander kombiniert: Jede Feder des Flügels besteht aus einem durchgängigen Federkiel, dessen kurzes unteres Ende, die Spule, in der Haut sitzt. Von der Mittelrippe, dem Schaft, gehen einzelne Äste (Strahlen) ab, die dann die so genannte Fahne bilden. Diese Federstrahlen sind wie ein Reißverschluss miteinander verzahnt, sodass eine glatte, feste, aber dennoch biegsame Fläche entsteht. Die Federfahne nutzt also wie die Frisbee-Scheibe den Luftwiderstand, um Auftrieb zu gewinnen. Durch ihre Verzahnung – wie das Sieb – lässt sie jedoch einen Teil der Luft hindurchgleiten, sodass der Kraftaufwand beim Fliegen für den Vogel nicht zu hoch wird. Außerdem wird so verhindert, dass bei zu hohem Luftwiderstand (etwa bei Sturmwind) die Feder zerknickt.

Da dieser «Feder-Reißverschluss» beim Fliegen immer wieder aufgeht, müssen sich Vögel regelmäßig putzen. Dabei glätten sie ihr Gefieder mit dem Schnabel und bringen so die Federstrahlen wieder in ihre alte Verzahnung. Auf lange Sicht verschleißen die Haken und Bogenstrahlen infolge dieses ständigen Öffnens und Schließens: Die Feder muss erneuert werden. Das geschieht zweimal im Jahr während der so genannten Mauser: Die Vögel verlieren ihr Gefieder und bilden neue Federn.

Zahlen & Rekorde

Die älteste Feder

Archaeopteryx, der vor 156 bis 150 Millionen Jahren zu Zeiten der Dinosaurier gelebt hat, besaß wie heutige Vögel bereits Federn. Das weiß man erst, seitdem bei einem versteinerten Skelett des Urvogels auch der Abdruck seiner Schwungfedern gefunden wurde.

Vielflieger

Brieftauben wurden tatsächlich früher dazu eingesetzt, Botschaften rasch über weite Strecken zu transportieren; heute schickt man sie nur noch im Rahmen sportlicher Wettkämpfe in die Luft. Auf ihrem Flug orientieren sich die Tauben – wie auch viele Zugvögel – wahrscheinlich am Verlauf des Erdmagnetfeldes. Die größten Strecken legen übrigens nicht Brieftauben, sondern die Küstenseeschwalben zurück: Sie fliegen jedes Jahr 20 000 Kilometer von Norden nach Süden und dann die gleiche Strecke wieder zurück.

Lang, aber nutzlos

Von allen Vögeln besitzt der aus Japan stammende Phönixfasan die längsten Federn, denn seine Schwanzfedern werden bis über 10 Meter lang. Sie dienen allerdings nur als Schmuck, denn dieser Vogel kann nicht fliegen.

Steckbrief

Gesucht:
Die Haustaube

Name: *Columba livia domestica*

Fundort: Sehr häufig verwildert in Städten, wo sie in Mauernischen, unter Straßenbrücken und Unterführungen, im Gestühl von Kirchtürmen oder unter beschädigten Dächern nistet.

Besondere Kennzeichen: Ihr Gefieder ist sehr unterschiedlich gefärbt von Schwarz, Weiß, Blau bis Braun. Sie wird meist etwa 35 cm groß und wiegt zwischen 350 und 500 Gramm. Haustauben stammen von der Felsentaube ab und werden seit 5000 Jahren gezüchtet. Als ursprünglich reine Körnerfresser haben sich verwilderte Tauben hervorragend an das Stadtrevier angepasst und fressen heutzutage sogar Bockwurst, Brotwaren, Süßigkeiten sowie Ketchup, Mayonnaise und Senf.

Ausrüstung für deine Mikroskopier-Expedition

Spitze Schere, Pinzette, Präpariernadel, Objektträger, Lupe, Einmalgummihandschuhe

1. Suche dir eine unbeschädigte Taubenfeder. Da du nicht weißt, ob sie vielleicht von einem kranken Vogel stammt, solltest du sie am besten mit dünnen Gummihandschuhen anfassen. (Solche Handschuhe kannst du dir aus dem Erste-Hilfe-Schränkchen nehmen. Frag deine Eltern jedoch vorher, ob du sie herausnehmen darfst. Ansonsten kannst du sie auch in den meisten Drogeriemärkten kaufen.) Das Abwaschen der Feder zerstört die Verzahnung der Federstrahlen und ist von daher nur bedingt zu empfehlen.
2. Schneide den Kiel längs mit einer spitzen Schere auf.
3. Anschließend schneidest du im Bereich der Fahne ein 1 bis 2 Zentimeter langes Stück vom Schaft ab und zerzupfst es mit Pinzette und Nadel. Nun lege es unters Mikroskop.
4. Du kannst auch ein weiteres Stück aus der Fahne herausschneiden und unzerzupft zwischen zwei Objektträger legen.

Was du unter der Lupe und im Mikroskop sehen kannst

Unter dem Mikroskop erkennst du am Ansatz der Strahlen vom Schaft, dass es zwei Formen von Federstrahlen gibt: Auf der einen Seiten besitzen sie einen «Bogenfortsatz», auf der anderen «Häkchen». Bogenstrahlen und Hakenstrahlen greifen reißverschlussartig ineinander und bilden eine elastische Fahnenfläche, die zum effizienten Fliegen unerlässlich ist.

Bei dem zweiten, nicht zerzupften Präparat ist bei geringer Vergrößerung (besser jedoch unter der Lupe) die Struktur der Feder wieder zu erkennen.

Nachgefragt

Krank durch Tauben?

Von alters her gilt die Taube als ein Symbol des Friedens und der Liebe. Heute gilt sie jedoch aufgrund der riesigen Bestände verwilderter Tiere in den Großstädten als wahre Plage. Tauben produzieren jährlich riesige Mengen an ätzendem Kot, der manches Gebäude und Denkmal schon stark geschädigt hat. Darüber hinaus übertragen sie eine Reihe von Krankheitserregern, so genannte Salmonellen, die bei Kleinkindern, schwer kranken und alten Menschen sogar tödliche Magen-Darm-Erkrankungen hervorrufen können.

Abb. 51: Junge Tauben sind Nesthocker, das heißt, sie sind nach dem Schlüpfen noch hilflos, verlassen das Nest nicht und werden von den Altvögeln gefüttert.

Unbekannte Welt

Nachgefragt

Warum haben Flamingos rosa Federn?

Flamingos fressen riesige Mengen an Salinenkrebschen, deren Panzer *Karotinoide*, also rote Farbpigmente (die auch in Möhren vorkommen), enthalten. Diese Farbstoffe werden vom Vogelkörper nicht verdaut, sondern in den Federn eingelagert. Flamingos, die im Zoo gehalten werden, bekommen kein Krebsfutter mehr und erhalten deshalb Futter, dem Karotinoide beigemischt sind – andernfalls würde ihr Gefieder ausbleichen.

Tipps für weitere Fundorte

Wie Sherlock Holmes mit einer Lupe ausgerüstet, machst du dich auf die Suche nach weiterem Material für Stereolupe und Mikroskop. Das findest du beispielsweise im Wald, wenn du trockenes Laub umdrehst: Hier tummeln sich Springschwänze (das sind winzige Insekten, die an der Zersetzung der Waldstreu beteiligt sind), kleine Landschnecken und Weberknechte, die mit den Spinnen verwandt sind. Etwas tiefer, in der oberen Bodenschicht, leben die knallroten, plüschigen Sammetmilben, aber auch *Enchyträen*, weiße, winzige Verwandte des Regenwurms, der sich allerdings nur für eine Betrachtung unter der Lupe eignet – fürs Mikroskop ist er zu groß. Unter morscher Baumrinde kannst du Asseln

Abb. 52: Mikroskopisches Bild von Fahnen und Kiel. Bogenstrahlen und Hakenstrahlen sind gegenseitig so miteinander verzahnt, dass die Feder auch im Flug nicht verformt wird.

und Käferlarven entdecken, und wenn du einen moosbedeckten Stein umdrehst, krabbelt vielleicht ein gelber Erdläufer auf seinen vielen Beinen davon. (Erdläufer zählen nämlich zu den Tausendfüßern.) Auch ein Komposthaufen im Garten kann die Objekte liefern, die es lohnt, unter Lupe oder Mikroskop anzuschauen: Etwa einen rot-violetten Kompostwurm oder vielleicht sogar einen seltenen Schleimpilz.

Viele mikroskopisch kleine Lebewesen findest du jedoch im Wasser, sei es nun in einer Pfütze, unter Steinen im Bach, am Seeufer oder Meeresstrand. Darüber mehr im nächsten Abschnitt.

Steckbrief

Gesucht:
Die Stechmücke

Name: *Culex pipiens*, auch bekannt als Hausmücke, Schnake, Gnitze oder Moskito

Fundort: In der Nähe von Regentonnen, fischfreien Gartenteichen, Pfützen oder Jauchegruben, an Bach-, See- und Flussufern.

Besondere Kennzeichen: Die Stechmücke hat einen bräunlichgrauen Körper, der am Hinterleib helle Querstreifen besitzt. Sie wird 5–6 mm lang. Nach der Paarung und einer anschließenden «Blutmahlzeit» legen die weiblichen Stechmücken ihre Eier in stehende oder langsam fließende Gewässer ab. Aus den Eiern schlüpfen die Mückenlarven, die sich nach 2 bis 3 Wochen verpuppen; in der jetzt folgenden Zeit, der Puppenruhe, die 2 bis 3 Tage dauert, verwandelt sich die im Wasser lebende Larve in eine flugfähige Stechmücke.

Feuchte Winzlinge – Leben im Wassertropfen

Alles Leben stammt ursprünglich aus dem Wasser. Jahrmillionenlang gab es nur Lebensformen in den Meeren und Süßwassergewässern: erst Bakterien und Algen, dann Meereswürmer, Krebstiere und andere wirbellose Tiere und viel später Fische und Meereswirbeltiere. Irgendwann besiedelten Tiere und Pflanzen auch das Festland und entwickelten eine vergleichbar hohe Vielfalt an Arten. Dennoch finden wir im Meer wohl immer noch die meisten Lebensformen: Ein Beispiel ist das Plankton, ein Milliarden zählendes Gewimmel aus Kleintierchen und winzigen Wasserpflanzen, das am Anfang der Nahrungskette steht und mit seinen sauerstoffproduzierenden Algen den überwiegenden Teil der Atemluft für uns Landbewohner bildet.

Aber auch viele Landtiere verbringen einen Teil ihres Lebens zwangsläufig im Wasser: Frösche und Molche legen ihren Laich im Wasser ab, und ihre Jungen, die Kaulquappen, atmen wie Fische über Kiemen.

Bei den Insekten finden wir ebenfalls viele Arten, die als Larven Wasserbewohner sind: Libellen mit ihren gefräßigen Larven, die sogar Fischeier und kleine Kaulquappen verzehren. Eintagsfliegen, die nur für kurze Zeit an Land kommen, um sich zu paaren, Eier zu legen und dann zu sterben, oder Köcherfliegen, deren Larven aus Sand, Tannennadeln oder Steinchen kunstvolle Röhren basteln, in denen sie geschützt heranwachsen. Und auch die Nachkommen der Stechmücken, jener lästigen, surrenden «Nacht-Blutsauger», entwickeln sich im Wasser.

Der Vampir, der aus dem Wasser kam – Stechmücken und ihre Larven

Dass Stechmücken ihre Jugend im Wasser verbringen, bietet ihnen viele Vorteile. Zunächst finden sie ausreichend zu fressen: Unzählige Algen und Schwebstoffe, die von toten Tieren und abgestorbenen Pflanzen stammen, werden von den Larven wie Nudelsuppe geschlürft. Außerdem besteht durch die verschiedenen Lebensräume keine Gefahr, dass sich Eltern und Nachwuchs bei der Nahrungssuche ins Gehege kommen. Schließlich fliegen ausgewachsene Stechmücken an Land umher, während die Larven bis einschließlich zum Puppenstadium im Wasser leben. Diese räumliche Verteilung bietet einen weiteren Vorteil für die Mückenlarven: In der Natur ist es nämlich nicht ungewöhnlich, dass in Zeiten der Nahrungsknappheit Elterntiere ihre Junge fressen, um selbst überleben zu können.

Die Spezialisierung auf unterschiedliche Ernährungsweisen geht bei den erwachsenen Mücken sogar noch weiter. Nur die Weibchen stechen und saugen Blut, das sie benötigen, um reife, befruchtungsfähige Eier ablegen zu können. Die Männchen ernähren sich von Pflanzensäften. Als Brutstätte dienen stehende oder langsam fließende Gewässer in allen Größen. Dabei ist das Mückenweibchen nicht sehr wählerisch: Alles, was länger als 10 Tage mit Wasser gefüllt ist (etwa volle Blumenvasen, Blechdosen, alte wassergefüllte Reifen oder Dachrinnen) und sich im Freien befindet, wird als «Kinderzimmer» für die jungen Mücken genutzt. Die Eier werden in einer Art Schwimmfloß abgesetzt,

> **Nachgefragt**
>
> **Warum juckt ein Mückenstich?**
>
> Wenn eine hungrige Mücke einen Menschen oder ein Tier sticht, schiebt sie ihren Stechrüssel wie eine Spritze durch die Haut. Sobald sie ein Blutgefäß getroffen hat, pumpt sie Speichel hinein. Der soll verhindern, dass das Blut gerinnt, das heißt verklumpt. Schließlich soll das Blut ja nicht den Rüssel verstopfen. Anschließend saugt das Insekt das verdünnte Blut in den Magen. Diese «Mückenspucke» ist letztlich für den fürchterlichen Juckreiz eines Mückenstichs verantwortlich.

> **Nachgefragt**
>
> **Mücken als Krankheitsüberträger**
>
> Einige Lebewesen, so genannte Parasiten, die andere Tiere oder Pflanzen als Wirt benötigen, um selbst zu überleben, nutzen Mückenweibchen als Transportmittel, um in den Körper ihres Wirts zu gelangen. Dort angelangt, kann solch ein Parasitenbefall schwere oder gar tödliche Erkrankungen auslösen. Dies ist auch der Fall bei der Malaria, auch Sumpf- oder Wechselfieber genannt. Malaria wird von dem winzigen Einzeller *Plasmodium* ausgelöst, der einen Teil seines Lebens in der Fiebermücke *Anopheles* verbringt und über Blut saugende Weibchen in den menschlichen Körper gelangt. Dort entwickelt und vermehrt sich *Plasmodium* in den Blutzellen und in der Leber weiter. Die Krankheit äußert sich in regelmäßigen Fieberanfällen. Wenn nun eine frisch geschlüpfte Mücke einen erkrankten Menschen sticht, infiziert sie sich mit dem Erreger und der Kreislauf beginnt von neuem. Malaria kommt heute fast nur noch in den Tropen und Subtropen vor, tritt gelegentlich aber auch noch im Mittelmeerraum auf.

aber vorher muss das Weibchen erst Blut getrunken haben. Die Larven brauchen 2 bis 3 Wochen zur Entwicklung, die anschließende Puppenruhe dauert aber nur 2 bis 3 Tage. Aufgrund dieser kurzen Entwicklungszeit sind August und September die schlimmsten «Mückenmonate». Weibchen werden etwa 6 Wochen alt, Männchen leben viel kürzer. Wenn im Herbst die letzten erwachsenen Mücken aus der Puppenhülle schlüpfen, überleben nur die Weibchen nach erfolgreichem Hochzeitsflug den Winter, um dann im Frühjahr erneut Eier abzulegen.

Stechmücken sind mit Einbruch der Dämmerung und dann die ganze Nacht aktiv; dabei legen sie kaum große Strecken zurück und fliegen auch nicht sehr hoch, sodass du beispielsweise im zwölften Stock eines Hochhauses kaum Mücken antreffen wirst. Oft ist so eine Mückenplage ein hausgemachtes Übel, denn bereits in einem kleinen Gartenteich von 1 m² Fläche können sich bis zu 1000 Larven tummeln. Von dieser hohen Zahl werden in natürlichen Gewässern aber nur wenige erwachsen, da Stechmückenlarven für eine Vielzahl von Tieren, vor allem für Fische, aber auch junge Frösche, Molche und Libellenlarven, ein gefundenes Fressen sind. Aber auch nach dem Schlüpfen droht den erwachsenen Mücken große Gefahr durch Vögel und Fledermäuse.

Ausrüstung für deine Mikroskopier-Expedition

Objektträger, Deckgläser, Plastikpipette, 1 kleines Marmeladenglas, Pinzette, Filter- oder Krepppapier, Knetgummi, eventuell Tapetenkleisterlösung

1. Nimm eine Probe aus einer Regentonne, einem Gartenteich oder einem der anderen Gewässer, die oben beschrieben wurden. Ideal ist eine Schüssel oder ein kleiner Topf, aus denen du dann die zuckenden, manchmal bis 1 cm großen Mückenlarven herausfischen kannst.
2. Lege nun ein Deckgläschen auf ein Stück Papier. Damit du das Lebendpräparat in Ruhe beobachten kannst, musst du aus Knetgummi vier winzige Kügelchen (nicht dicker als 1 mm) drehen. Drücke diese «Beinchen» in die vier Ecken des Deckgläschens.

Zahlen & Rekorde
Flotte Flieger
Wusstest du, dass die Flügel einer Stechmücke in der Sekunde über 300-mal schlagen? Diese hohe Frequenz ergibt das typische Surren, wenn eine Mücke nachts im Anflug ist. Die Fluggeräusche können ihr aber auch zum Verhängnis werden, da sie dadurch von Fledermäusen leichter geortet wird.

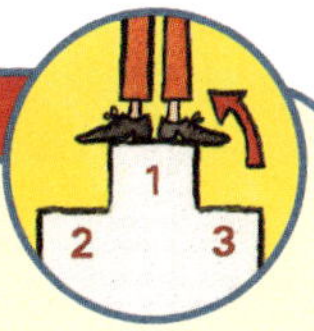

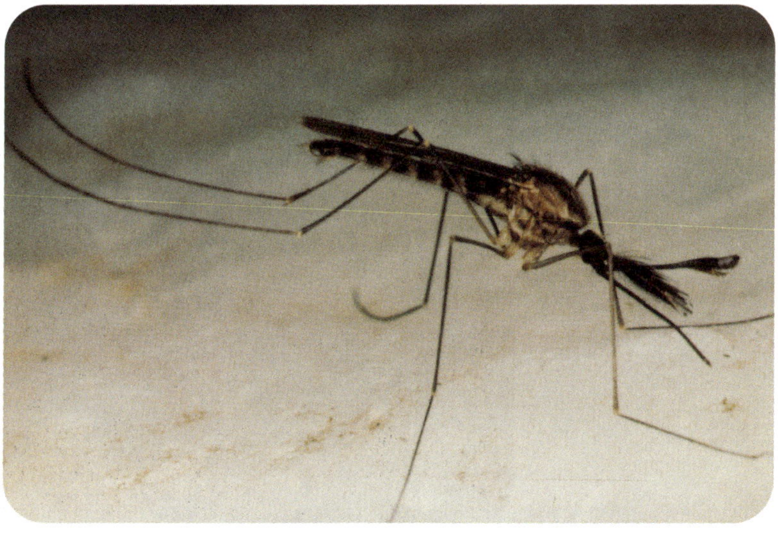

Abb. 53: Malaria-Erreger können sich nur in der Fiebermücke *Anopheles* entwickeln. Die heimische Stechmücke kann allerdings die Erreger von Hirnhautentzündung oder Fadenwürmer übertragen.

Leben im Wassertropfen

Nachgefragt

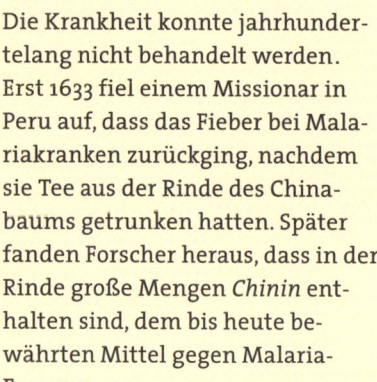

Wie erkennt und behandelt man Malaria?

Die Krankheit konnte jahrhundertelang nicht behandelt werden. Erst 1633 fiel einem Missionar in Peru auf, dass das Fieber bei Malariakranken zurückging, nachdem sie Tee aus der Rinde des Chinabaums getrunken hatten. Später fanden Forscher heraus, dass in der Rinde große Mengen *Chinin* enthalten sind, dem bis heute bewährten Mittel gegen Malaria-Erreger.

Wenn ein Arzt heute wissen will, ob ein Kranker mit hohem Fieber tatsächlich an Malaria erkrankt ist, nimmt er diesem Blut ab und fertigt einen Abstrich an (ähnlich wie du das mit den Mundschleimhautzellen gemacht hast). Unter dem Mikroskop kann er befallene Blutkörperchen erkennen, die sich von gesunden auf charakteristische Weise unterscheiden. Für diese Untersuchungen benötigt man allerdings teure, hoch auflösende Mikroskope; sie sind mit deinem Mikroskop nicht durchführbar.

3. Suche dir aus dem Marmeladenglas ein Tier heraus, sauge es mit der Pipette auf und gib es zusammen mit ausreichend Wasser auf den Objektträger.
4. Lege nun das Deckglas vorsichtig mit einer Pinzette (mit den Beinen nach unten) auf den Wassertropfen.
5. Drücke ganz behutsam die Knetgummikügelchen mit dem stumpfen Ende eines Bleistifts fest. Jetzt kannst du die Mückenlarve unter dem Mikroskop betrachten.

Abb. 54: Bereits unter Lupenvergrößerung kannst du die wichtigen Einzelheiten am Körper einer Mückenlarve gut erkennen.

Was du unter der Lupe und im Mikroskop sehen kannst

Schon mit bloßem Auge kannst du den dreiteiligen Larvenkörper erkennen; mit der Lupe siehst du dann genauer, dass die Larven einen dicken Kopf mit Augen und einem Paar kleinen, keulenförmigen Fühlern, eine breitere Brust mit dicken Borsten sowie einen mehrfach eingeschnürten Hinterleib haben; dieser ist ebenfalls schwach beborstet und hat seitlich am hinteren Ende ein dickeres, dunkles Atemrohr.

Die Larven schwimmen in zuckenden Tanzbewegungen hin und her. Meist «hängen» sie mit dem Kopf nach unten unter der Wasseroberfläche und strecken das Hinterteil mit dem Atemrohr nach oben, um Luft zu schöpfen. Mit etwas Glück kannst du sehen, wie sie mit ihren Mundwerkzeugen Pflanzenreste fressen. Auch der helle Darm ist gut zu erkennen.

Vielleicht findest du ja auch eine größere, dunklere Mückenpuppe, die wie ein dickes Komma dicht unter der Wasseroberfläche schwebt. Bei der Puppe sitzen vorne am Kopf zwei kleine «Hörnchen», in denen sich die großen Fühler der erwachsenen Mücke entwickeln.

Unter dem Mikroskop solltest du dir unbedingt die Borsten an Brust und Hinterleib anschauen (siehe Abbildung 54). Wenn du dir solche Details ansehen willst, musst du lebendige Larven eventuell mit etwas verdünntem Tapetenkleister ruhig stellen, da sie meist kräftig zappeln. Oder etwas Watte zerzupfen, die Fasern auf den Objektträger legen und die Larve zusammen mit einigen Tropfen Wasser hinpipettieren. Ansonsten suche dir ein totes Tier aus (das allerdings noch nicht zu lange tot sein sollte).

Proben vom Strand

Wie du am Anfang des Kapitels erfahren hast, stellt das Plankton den wohl zahlenmäßig größten Anteil aller Meeresbewohner dar:

> **Berühmte Leute**
>
> **Kunstwerke der Natur**
>
> Der deutsche Zoologe **Ernst Haeckel** (1834–1919) aus Jena hat Jahre seines Lebens mit der Erforschung von *Radiolarien* oder «Strahlentierchen» verbracht, winzigen Einzellern, die eng mit Amöben und Sonnentierchen verwandt sind. Allerdings leben Radiolarien ausschließlich im Meer und besitzen wunderschöne durchbrochene Kapseln, meist aus Silikat, die an winzige geschnitzte Kinderrasseln erinnern. Haeckel hat seine Zeichnungen in einem Sammelband veröffentlicht, der Ende des 19. Jahrhunderts unter dem Titel «Kunstformen in der Natur» erschienen ist.

Außer Algen enthält es zahlreiche Larven von Krebsen, Muscheln, Seeigeln und Meereswürmern. Mikroskopisch klein sind auch viele Fischeier und Larven. Und ohne Mikroskop hätte man manche Tiere, wie etwa die großen Einzellergruppen der *Foraminiferen* («Lochtierchen») und *Radiolarien* («Strahlentierchen»), nie entdeckt oder wüsste kaum etwas über sie.

Garnelen, Hummer & Co.

Krebstiere, wissenschaftlich *Crustacea* genannt, gehören wie Spinnen und Insekten zu der riesigen Tiergruppe der Gliedertiere. Wie diese beiden Klassen haben auch sie gegliederte Körper und Beine. Krebstiere sind Wasserbewohner. Die meisten leben im Meer, aber es gibt auch Süßwasserarten, wie den Fluss-

Abb. 55: Schwerlich kommt man bei einer Seepocke, die wie eine festgewachsene Schnecke auf den Felsstränden am Meer sitzt, darauf, dass es sich hier um ein Krebstier handelt.

krebs oder die kleinen Flohkrebse, und eine kleine Gruppe, die Asseln, haben es sogar geschafft, an Land zu leben. Extreme Bedingungen lieben beispielsweise die Salinenkrebschen, die Wasser mit extrem hohem Salzgehalt bevorzugen.

Im Meer durchlaufen viele Crustaceen-Arten eine ähnliche Entwicklung: Aus dem Ei schlüpft oft eine so genannte Naupliuslarve, die ein wenig an einen kleinen Teufel erinnert. Bei den beiden «Beinen», mit denen die Larve hektisch umherschwimmt, handelt es sich in Wirklichkeit um die späteren Antennen. Andere Larven besitzen am Kopf einen langen Dorn, der sie wie bizarre Aliens aussehen lässt. Krebstierlarven machen oft einen Großteil des Planktons aus, und oft ist ihre Larvenzeit die einzige Zeit im Leben, in der die Tiere frei umherwandern können. Bei manchen Arten wandeln sich die Larven in erwachsene Tiere um, die fest sitzen und äußerlich nichts mehr mit einem Krebs gemeinsam haben – bekannte Beispiele sind Seepocken, Walläuse und Entenmuscheln.

Garnelen, Hummer, Taschenkrebse und Langusten zählen zu den höheren Krebstieren. Sie haben meist 10 Beinpaare, von denen die ersten beiden Beine zum Teil sehr schwere Scheren tragen. Diese Krebse werden oft befischt und gelten als Delikatesse. Besonders begehrt sind in Deutschland die Garnelen. Weltweit gibt es etwa 2000 bis 3000 Garnelenarten, befischt werden die rosafarbenen Tiefseegarnelen – auch Shrimps, Eismeergarnelen oder Krevetten genannt –, die meist aus dem Pazifik und Indischen Ozean stammenden Felsengarnelen – die auch Geißel- oder Riesengarnelen heißen – sowie die heimische Nordsee-Garnele.

> **Steckbrief**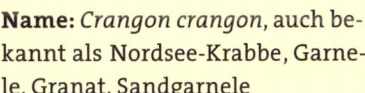
>
> **Gesucht: Die Nordsee-Garnele**
>
> **Name:** *Crangon crangon*, auch bekannt als Nordsee-Krabbe, Garnele, Granat, Sandgarnele
>
> **Fundort:** In großen Scharen in den Wattenmeeren von Atlantik und Nordsee.
>
> **Besondere Kennzeichen:** Die bis zu 7 Zentimeter lange Garnele besitzt 10 Beinpaare, von denen das erste Scheren hat, während die 5 hinteren als Schwimmfüße dienen. Am Kopf ragen zwei lange Antennenpaare nach vorne. Zwischen diesen steht ein Dorn *(Rostrum)* nach vorne. Tagsüber leben Garnelen im Meeresboden vergraben, nachts jagen sie Würmer und anderes Kleingetier, fressen aber auch Algen.

Wo finde ich das Material?

Ganze Garnelen sind nicht so leicht zu beschaffen, zumindest nicht, wenn man fern der Küste wohnt. Am einfachsten ist, du fragst beim Fischhändler nach, ob er dir ein paar «ungepulte Krabben» überlässt, das sind Garnelen, die noch in ihrem Panzer stecken. Falls du deinen Urlaub an der Nordsee verbringst, kannst du die Tiere direkt bei den Fischern der Krabbenkutter kaufen. In beiden Fällen gibst du die toten Tiere in ein Schnappdeckelglas mit 80-prozentigem Ethanol (Alkohol), den du in der Apotheke erhältst.

Spannender wird es, wenn du deine Garnelen selbst fangen willst. Dies geht am besten an den Felsküsten des Nordatlantiks, auf Helgoland, in Skandinavien, der Bretagne, der Normandie und an der englischen Ärmelkanalküste. In den zahlreichen Gezeitentümpeln, die sich an der zerklüfteten Felsküste befinden, sind während der Ebbe Hunderte von Tieren (Fische, Krebse, Würmer) vom Meer abgeschnitten. Und erst wenn die Flut zurückkommt und die Tümpel der Uferzone überflutet, können sie wieder ins Meer zurück. Bei Ebbe hast du also gute Chancen, eine

Abb. 56: Optimal getarnt, harrt diese Garnele auf potenzielle Beute.

Garnele zu fangen. Sie sind allerdings nicht leicht zu entdecken, da sie durchsichtig und somit meist gut getarnt sind. Durchkämme das Wasser im Felstümpel mit Käscher oder Teesieb, irgendetwas wird schon hängen bleiben. Wenn du ein Tierchen gefangen hast, setzt du es in das mit Wasser gefüllte Marmeladenglas. Da du wahrscheinlich im Urlaub kein Mikroskop dabeihast und die Garnele eine Reise nicht überleben würde, ist es am besten, sie unter der Lupe bei kleiner Vergrößerung zu betrachten. Findest du ein totes Tier, kannst du es in Alkohol sehr lange aufbewahren, ohne dass es zu verwesen beginnt.

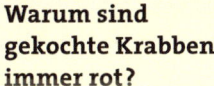

Nachgefragt

Warum sind gekochte Krabben immer rot?

Lebende Garnelen können ihre Farbe wechseln. Einerseits hängt dies vom Tag-Nacht-Rhythmus ab, andererseits stellt ihre graue bis fast transparente Farbe einen optimalen Tarnschutz vor Fressfeinden dar.
Garnelen werden auf den Krabbenkuttern sofort in siedendem Wasser gebrüht und abgetötet. Dabei verändert sich ihr farbloses Blut, und die abgekochten Tiere färben sich rot. Auch andere Krebstiere wie Hummer, Languste und Flusskrebs laufen im gekochten Zustand rot an.

Ausrüstung für deine Mikroskopier-Expedition

Zum Fangen lebender Garnelen brauchst du:
1 kleinen Käscher (Aquarienfangnetz), alternativ 1 Teesieb,
1 größeres Marmeladenglas, 80-prozentigen Alkohol, 1 Lupe
Zum Mikroskopieren gekaufter Garnelen:
1 Schere, Objektträger, Deckgläser

1. Sofern du dir deine Garnelen nicht selber fängst, sondern sie «ungepult» beim Fischhändler kaufst, kannst du direkt loslegen. Schneide mit der Schere die Antenne, das erste Beinpaar, ein Brustbein (zweites bis viertes Beinpaar) sowie ein Hinterbein (fünftes bis zehntes Beinpaar) ab.
2. Lege sie auf den Objektträger, tropfe Wasser hinzu, und ab unters Mikroskop.

Leben im Wassertropfen

Was du unter der Lupe und im Mikroskop sehen kannst

Interessant sind vor allem die äußeren Gliedmaßen der Garnele, deren unterschiedlicher Bau die jeweilige Funktion widerspiegelt. Mit dem bekrallten vorderen ersten Beinpaar wird Beute ergriffen. Auf den folgenden vier Beinpaaren läuft die Garnele, und mit den hinteren wird geschwommen. Auch die langen Antennen, die Augen und das lange Rostrum lassen sich schön unter dem Mikroskop oder der Lupe betrachten.

Vielleicht hast du ja sogar ein Weibchen erwischt, das auf der Bauchunterseite zahlreiche Eier trägt. Diese sehen vergrößert wie winzige, matt glänzende Perlen aus.

Tipps für weitere Objekte

Eine weitere interessante Möglichkeit besteht darin, Naupliuslarven des oben genannten Salinenkrebschens *Artemia salina* zu züchten und anschließend zu mikroskopieren. Artemien-Eier kannst du beispielsweise in Zoohandlungen und Anglergeschäften kaufen. Setze eine Salzwasserlösung an, indem du 20 Gramm Kochsalz (zwei Teelöffel) in 250 Milliliter Wasser auflöst. Dann gibst du dein künstliches «Meerwasser» in eine Gefrierbox und streust die Artemien-Eier hinein. Lasse sie 1 bis 3 Tage bei Raumtemperatur (ca. 25 °Celsius) stehen. In dieser Zeit schlüpfen aus den Eiern die beschriebenen Naupliuslarven. Die geschlüpften Larven müssen in kleinere Gruppen geteilt und in Behälter mit frischer Meerwasserlösung umgesetzt werden, da sie sonst ersticken würden. Du kannst sie mit Hefesuspension füttern (siehe Abschnitt «Aufschlämmungen»). Auf diese Weise hast du eine interessante Möglichkeit, die Entwicklung eines Salinenkrebschens vom Ei über die Larve bis zum erwachsenen Krebs unter dem Mikroskop zu verfolgen.

Und zu guter Letzt …

Hoffentlich hat dir die «Expedition Mikroskop» Spaß gemacht. Sicherlich wirst du jetzt selbständig eigene Touren starten wollen. Damit du dich auch vorher – wie das richtige Forscher ja auch tun – ausreichend informieren kannst, findest du im letzten Abschnitt eine Reihe von Büchern, in denen weiterführende Informationen stehen.

Wo du mehr erfahren kannst

In den folgenden Büchern, die allerdings oft für Erwachsene geschrieben sind, erfährst du noch mehr über das Mikroskopieren, über Tiere und Pflanzen und über Biologie ganz allgemein. Schau einfach mal rein! Eine solche Aufzählung nennen die Wissenschaftler Literaturliste, die aus einzelnen so genannten bibliographischen Angaben besteht. Eine solche Angabe besteht immer aus folgenden Teilen: Zuerst steht immer der Name der Person(en), der (die) das Buch geschrieben hat (haben): Das ist der Autor oder Verfasser. Dann kommt die vollständige Hauptüberschrift des Buches, der so genannte Buchtitel, und danach steht der Name des Verlages, der das Buch «verlegt», «veröffentlicht» oder «herausgegeben» hat. Zum Schluss findest du den Erscheinungsort und die Jahreszahl, wann das Buch zum ersten Mal erschienen ist. Die Angaben sind übrigens immer alphabetisch nach dem Namen des ersten Autors geordnet. Mit Hilfe einer solchen Liste kann man dir in jeder Buchhandlung und Bücherei das gewünschte Buch besorgen.

Literatur

Ash, Russell: *1001 Fakten, Zahlen und Rekorde.* Arena Verlag, Würzburg 1999.

Bosch, Gerald, und Manfred Kurz: *Tiere und Pflanzen in Wald, Feld und Flur. Mit über 1000 Farbabbildungen.* Natur Buch Verlag, Augsburg 1999.

Cheers, Gordon (Herausgeber): *Botanica. Das ABC der Pflanzen.* 10 000 Arten in Text und Bild. Könemann Verlag, Köln 1998.

Cheers, Gordon (Herausgeber): *Rosen Enzyklopädie. Die wichtigsten Wildrosen und über 4000 Gartenrosen.* Könemann Verlag, Köln 1999.

Chevalier, Andrew: *Die BLV Enzyklopädie der Heilpflanzen.* BLV Verlagsgesellschaft, München 1998.

Deckart, Martin: *Freizeit mit dem Mikroskop.* Falken-Verlag, Niedernhausen/Taunus 1987

Flindt, Rainer: *Biologie in Zahlen. Eine Datensammlung in Tabellen mit über 10 000 Einzelwerten.* 5. Auflage. Spektrum Akademischer Verlag, Heidelberg 2000.

Franke, Wolfgang: *Nutzpflanzenkunde. Nutzbare Gewächse der gemäßigten Breiten, Subtropen und Tropen.* 6. Auflage. Georg Thieme Verlag, Stuttgart 1997.

Grzimek, Bernhard (Herausgeber): *Grzimeks Tierleben. Enzyklopädie des Tierreichs.* Bechtermünz Verlag, Augsburg 2000.

Hentschel, Erwin J., und Günther H. Wagner: *Zoologisches Wörterbuch.* 6. Auflage. Spektrum Akademischer Verlag, Heidelberg 1996.

Hildebrandt, Helmut, Otto Dornblüth und Willibald Pschyrembel: *Pschyrembel Klinisches Wörterbuch.* 258. Auflage. Walter de Gruyter Verlag, Berlin 1998.

Jacobs, Werner, und Maximilian Renner: *Biologie und Ökologie der Insekten. Ein Taschenlexikon.* 3. Auflage. Spektrum Akademischer Verlag, Heidelberg 1998.

Kaestner, Alfred, Karl G. Grell und Hans-Eckhard Gruner: *Lehrbuch der Speziellen Zoologie. Band I. – Wirbellose Tiere. 1. Teil.* 5. Auflage. Spektrum Akademischer Verlag, Heidelberg 1996.

Kayser, Fritz H., Kurt A. Bienz, Johannes Eckert und Jean Lindenmann: *Medizinische Mikrobiologie. Immunologie, Bakteriologie, Mykologie, Virologie, Parasitologie.* Georg Thieme Verlag, Stuttgart 1993.

Kremer, Bruno P.: *Mikroskopieren leicht gemacht*. Kosmos Verlag, Stuttgart 1996.

Kükenthal, Willy: *Leitfaden für das Zoologische Praktikum*. 23. Auflage. Spektrum Akademischer Verlag, Heidelberg 1999.

Lehmann, Ulrich: *Paläontologisches Wörterbuch*. 4. Auflage. Ferdinand Enke Verlag, Stuttgart 1996.

Mortimer, Charles E.: *Chemie. Das Basiswissen der Chemie in Schwerpunkten*. 6. Auflage. Georg Thieme Verlag, Stuttgart 1996.

Nachtigall, Werner: *Mikroskopieren: Geräte, Objekte, Praxis*. BLV Verlagsgesellschaft, München 1994.

Nultsch, Wilhelm, und Ursula Rüffer: *Mikroskopisch-botanisches Praktikum für Anfänger*. 10. Auflage. Georg Thieme Verlag, Stuttgart 1995.

Odum, Eugene P.: *Ökologie. Grundlagen. Standorte. Anwendung*. 3. Auflage. Georg Thieme Verlag, Stuttgart 1999.

Pellant, Chris: *Steine und Mineralien. Ravensburger Naturführer*. Urania Verlag, Berlin 1994.

Schubert, Rudolf, und Günther Wagner: *Botanisches Wörterbuch (UTB)*. 12. Auflage. Eugen Ulmer Verlag, Stuttgart 2000.

Schade, Karl-Heinz: *Lichtmikroskopie*. Verlag Moderne Industrie, Landsberg 1993.

Strasburger, Eduard, Peter Sitte und Harald Ziegler: *Lehrbuch der Botanik für Hochschulen*. 34. Auflage. Spektrum Akademischer Verlag, Heidelberg 1998.

Streble, Heinz, und Dieter Krauter: *Das Leben im Wassertropfen. Mikroflora und Mikrofauna des Süßwassers. Ein Bestimmungsbuch*. 8. Auflage. Kosmos Verlag, Stuttgart 1988.

Stuart, Herbert A., und Gerhard Klages: *Kurzes Lehrbuch der Physik*. 16. Auflage. Springer Verlag, Heidelberg 2000.

Internet-Adressen

Im Internet gibt es eine Reihe interessanter so genannter Websites, die sich mit dem Thema Mikroskopieren beschäftigen. Aus der Vielzahl der Angebote habe ich zwei Adressen herausgesucht, auf denen interessante Mikroskopierbilder und Animationen (das sind computergesteuerte Kurzfilme) zu sehen sind.

http://www.mikroskopieren.de
Diese Website ist von einem Hobby-Mikroskopiker für andere Gleichinteressierte gedacht und enthält Animationen und Bilder.

http://www.cells.de
Eine Homepage, die vom Institut für den Wissenschaftlichen Film (IWF) in Göttingen gestaltet wurde und unter anderem interessante Animationen aus dem Bereich der Zellbiologie enthält.

Abbildungen

Die Vignetten der Textkästen und den Bastelgimmick
«Das Mikroskopier-Set» gestaltete Antje von Stemm.

Abbildungen 1, 2, 4, 10, 17
    Infografiken © by Daniel Sauthoff
Abbildungen 3, 12, 13, 15, 22, 25, 29, 38, 39, 45, 51, 52, 53, 54
    © by Dr. Frieder Sauer, Frank Hecker, mit freundlicher Genehmigung
Abbildungen 14, 30, 34, 47, 48
    © by Frank Hecker
Abbildungen 5, 6, 7, 23, 24, 40, 44
    © by Gerald Bosch
Abbildung 8
    © by Uli Steeger
Abbildung 9
    Illustration verändert nach C. Oxlade/C. Stockley *Das Mikroskopierbuch*,
    © 1990 by ars edition, Seite 7
Abbildungen 11, 16, 19, 20, 21, 26, 27, 28, 31, 32, 33
    © by Dr. Uwe Santore
Abbildungen Seite 46–48
    Illustrationen von Bianca Peters, entnommen aus: Burghard Bartos *Die Welt im Mikroskop* © 1998 by Arena Verlag GmbH, Würzburg
Abbildung 18, 35, 49
    © by Prof. Dr. Hartmut Greven
Abbildungen 36, 42, 55, 56
    © by Dr. Chris Bridges
Abbildung 37
    entnommen aus Heinz Strebele, Dieter Krauter *Das Leben im Wassertropfen*
    © 1988 by Kosmos Franckh'sche Verlagshandlung Stuttgart
    Aufnahme: M. Kaufmann
Abbildung 41
    © by Cäcilia Jordan
Abbildung 43
    verändert nach Burghard Bartos *Die Welt im Mikroskop*, © 1998 by Arena Verlag Würzburg
Abbildung 46
    © by Barbara Hanke, any.way
Abbildung 50
    verändert nach W. Heiligmann, H. Janus, H. Länge *Das Tier* Band 1, © 1966 by Ernst Klett Verlag Stuttgart

Dank

An dieser Stelle möchte ich mich ganz herzlich bei Gerlinde Linne von Berg und Monika Niehaus-Osterloh für didaktische Tipps und kritische Anmerkungen zum Manuskript bedanken.

rororo rotfuchs

Lilli Thal
Kommissar Pillermeier
(21158)
Kommissar Pillermeier und sein Assistent Rudolf Flotthammer sind die Krönung der organisierten Verbrechensbekämpfung – Ein wunderbarer Krimispaß mit einem Heldenpaar, das den Vergleich mit «Dick und Doof» nicht zu scheuen braucht.

Roald Dahl
Matilda
(21182 / ab Dez. 2001)
Der Kinderbuchklassiker als einmalige Sonderausgabe – Matilda entdeckt, dass sie nicht nur ein Wunderkind mit scharfen Verstand ist, sondern auch über übersinnliche Kräfte verfügt.
«Eine Liebeserklärung an das Reich der Phantasie.»
Abendjournal

Angela Sommer-Bodenburg
Der kleine Vampir
(21157)
Der Klassiker von Angela Sommer-Bodenburg als Geschenkband.
Anton ist ein echter Vampir-Fan. Bis eines Tages ein echter Vampir, Rüdiger von Schlotterstein, auf seinem Fensterbrett sitzt. Zusammen mit seiner freundlichen Schwester Anna bringt er Antons Leben ganz schön durcheinander!

Franziska Biermann
Das Glücksbuch
(20949)
Glück – das möchte jeder haben! Doch was ist Glück eigentlich? Wo trifft man es? Wie geht man damit um? Und wie hält man es fest? Franziska Biermann beantwortet diese gewichtigen Fragen mit vielen «Tipps + Tricks». Und da Kreativität bekanntlich glücklich macht, kommen auch Maler und Schnippler nicht zu kurz.

«Eigentlich ist das Buch selbst schon ein Glück, so anarchisch und wohltuend kommt es daher. Die Anekdoten geben einem alle schön zu denken, dem Griesgram genauso wie dem immer rundum Seligen. Mit wenigen Tips wird man hier glücklich. Nehmen Sie eine Flugstunde für Glücksschweine, damit es nicht wieder bloß an Ihnen vorüberrast.» *TZ, München*

Franziska Biermann
Das Glücksbuch
(20949)
Glück – das möchte jeder haben! Doch was ist Glück eigentlich? Wo trifft man es? Wie geht man damit um? Und wie hält man es fest? Franziska Biermann beantwortet diese gewichtigen Fragen mit vielen «Tipps + Tricks». Und da Kreativität bekanntlich glücklich macht, kommen auch Maler und Schnippler nicht zu kurz.

«Eigentlich ist das Buch selbst schon ein Glück, so anarchisch und wohltuend kommt es daher. Die Anekdoten geben einem alle schön zu denken, dem Griesgram genauso wie dem immer rundum Seligen. Mit wenigen Tips wird man hier glücklich. Nehmen Sie eine Flugstunde für Glücksschweine, damit es nicht wieder bloß an Ihnen vorüberrast.» *TZ, München*